Urs Wiederkehr

Das Reich GOTTES und die Kirche der Menschen

Urs Wiederkehr

Das Reich GOTTES und die Kirche der Menschen

Nur wer an die Vision Christi vom Reich GOTTES glaubt, kann die Kirche glaubhaft kritisieren

Fromm Verlag

Imprint

Cover image: Vom Autor bereitgestellt

Publisher:
Fromm Verlag
is a trademark of
Dodo Books Indian Ocean Ltd. and OmniScriptum S.R.L publishing group

120 High Road, East Finchley, London, N2 9ED, United Kingdom
Str. Armeneasca 28/1, office 1, Chisinau MD-2012, Republic of Moldova, Europe
Printed at: see last page
ISBN: 978-613-8-35174-0

Das Reich GOTTES und die Kirche der Menschen

Einführung

In der europäischen Gesellschaft verliert das Christentum immer mehr an Bedeutung und Einfluss auf die Lebensgestaltung der Menschen. Die Ursache für diesen grossen Bedeutungsverlust ist nicht das Evangelium Christi. Mit den sprunghaften technischen Fortschritten und der rasanten Industrialisierung hat sich das Wahrnehmungsvermögen der Menschen radikal verändert. Der alte philosophische Streit zwischen Glauben und Wissen hat sich total zu Gunsten von Wissen und Können verschoben. Jeder Glaube wird heute als eine zu überwindende Vorstufe des Wissens angesehen. Wer glaubt ist unwissend, bzw. ein naiver Mensch, den man zum Fortschritt drängen muss. Das neue Evangelium heisst: *Digitaler Fortschritt!* Seither tauchen auf allen Gebieten Prediger auf, die radikal die Welt verbessern wollen. Jeder, der etwas Neues entdeckt, wird ein Missionar und er ist überzeugt, dass sein Wissen die Welt verändern muss. Heilsbotschaften, Verschwörungstheorien und Visionen auf den Weltuntergang beherrschen das Denken der modernen Menschen.

In diesem Buch soll aufgezeigt werden, dass die Botschaft Christi nichts von ihrer Strahlkraft verloren hat, wenn der denkende Mensch seine Wahrnehmung wieder der Wirklichkeit anpasst. Weder der Glaube noch das Wissen sind der richtige Massstab in der Erkenntnis der Realität. Der denkende Mensch erkennt mit der Abstraktion sich und die Wirklichkeit nur in Wahrscheinlichkeiten. Jede Abstraktion ist nur ein Auszug, ein Abbild der realen Wirklichkeit. und jedes Wissen ist nur ein „bisschen" Wahrheit. Der Mensch nimmt grundsätzlich die ganze Wirklichkeit nur als „wahrscheinlich" richtig wahr. Das bedeutet „Wissen" und „Glauben" sind Einbildungen keine Wirklichkeiten. Daher helfen der Glaube und das Wissen den Menschen nur, um die reale Wirklichkeit gut und vernünftig zu deuten. Wer nichts glaubt, der kann nichts wissen und wer nichts weiss, kann auch nichts glauben. Die Menschen können also sich und die Welt nicht erklären; sie können das eigene Leben nur vernünftig deuten. Auf diesem Hintergrund erstrahlt die Botschaft Christi wie ein leuchtender Stern.

Das Buch soll den Leser zum Nachdenken anregen und die glaubwürdige Wahrscheinlichkeit der Frohbotschaft Christi aufzeigen.

Das Christentum als Reich GOTTES

Die Religion ist heute ein hohles Tabu

Das ursprüngliche Vertrauen in die Kirche haben heute die Gläubigen verloren. Die Christen identifizieren die Nachfolge Christi mit dem Begriff „Kirche", doch Christus hat den Begriff Kirche nie verwendet. Er sprach vielmehr vom „Reich GOTTES", oder Himmelreich. Es ist daher notwendig das Evangelium genau zu lesen und zu hören, was Christus unter dem Reich GOTTES gedacht und verstanden hat. Erst dann kann man die Kirche mit der Botschaft Christi richtig verbinden und die Übereinstimmung, bzw. den Unterschied erkennen, denn die Kirche ist nicht einfach das Reich GOTTES von dem Christus gesprochen hat.

Der Zugang zum Reich GOTTES zeigt zugleich einen Weg auf, wie die Christen die gegenwärtige Misere in der Kirche überwinden können. Es ist unbestritten, dass die Kirche in meiner Generation einen unglaublichen Sinkflug erlebt und nicht weiss, wie sie wieder an Höhe gewinnen kann. In der Kirche ist die Gestalt Christi verloren gegangen und man bemüht sich dem gesellschaftlichen Denken zu folgen. Zu viele Kirchgänger haben sich von Christus gelöst, und sie glauben naiv, dass die Religion ein Denkmodell sei, das alle Menschen verbindet:

Alle Religionen sind gleich!

Das ist ein Trugschluss, und er entspricht nicht der Wirklichkeit. Auch wenn alle Religionen sich um das „Göttliche" bemühen, um es zu verstehen, präsentieren sie GOTT mit völlig widersprechende Vorstellungen, die nicht vereint werden können. Ist die Gottheit ein Rächer, ein Zuschauer, eine psychologische Einbildung, ein Karma, ein Nichts, eine unbeweisbare menschliche Erfindung? Was die Menschen alles von Gott behaupten, lässt sich nicht vereinen, denn jeder gedachte und abstrakte Begriff Gott ist nicht „GOTT". Ein ausgedachter Gott ist zuerst eine Abstraktion, aber GOTT kann offensichtlich sich offenbaren.

Die Menschen haben kein Wissen, wenn sie von GOTT sprechen, aber sie können persönlich eine innere Gewissheit haben, dass GOTT existenziell sich ihnen geoffenbart hat. Echte Gläubige sind überzeugt, dass sie in ihren eigenen Erfahrungen GOTT real erfasst und wahrgenommen haben. Diese Berührung durch GOTT wird subjektiv erlebt und objektiv als echt gedeutet. Das setzt eine strenge Prüfung der eigenen Wahrnehmung voraus, denn GOTT wird von den Gläubigen einerseits als die natürliche Voraussetzung für die eigene Existenz auf dieser Welt gedeutet und anderseits als wahre Realität erfahren. Wie das „Ich" wird GOTT individuell und persönlich nur mit Gewissheit wahrgenommen.

GOTT ist kein universales logisches Denkprinzip, das alle Menschen annehmen müssen und dem sie unterworfen sind. Ein Taliban als Gotteskrieger kann daher nie „Ungläubige" auf Befehl seines Gottes einfach abschlachten. Sein

Gott ist seine Erfindung mit der er sein eigenes Denken den Mitmenschen aufzwingen will. Er will nur seine eigene Macht ausüben. Sein Credo lautet:

Mein Gott gibt mir die Vollmacht.

Dieser menschenverachtenden religiösen Praxis widersprechen die meisten Menschen, aber sie haben keine wirkliche Begründung für ihre Ablehnung, denn auch sie verbinden Gott mit einem universalen Machtanspruch. Weil ein Gott nicht beweisbar ist, setzen sie mit den Menschenrechten eine absolute Richtschnur für ein richtiges Verhalten ein. Doch der Bezug auf die modernen allgemeinen Menschenrechte bleibt leider ein hilfloser Versuch, denn wo immer die Taliban im Staat die Mehrheit erlangen, erschaffen sie für alle Bürger ihre wahren „Menschenrechte". Der menschliche Wille lenkt den Verstand und regiert über die richtigen Ideen, und der freie Wille bestimmt zuletzt das rechte oder schlechte Verhalten, bzw. die guten und die bösen Taten des Menschen.

Das Wissen steht daher immer im Dienste des eigenen freien Willens, aber jede Person nimmt mit ihrem Wissen die Wirklichkeit leider nur beschränkt wahr. Grundsätzlich kann der Verstand die Welt nur im gläubigen Vertrauen und mit vernünftigen Hypothesen erkennen. Wissen und Wollen können sich daher widersprechen. Der freie Mensch kann dem richtigen Wissen und dem begründeten Glauben sich widersetzen, denn er kann unvernünftig handeln. Das gilt auch für den vernünftigen Glauben an GOTT. Der denkende Mensch kann einen guten und begründeten Glauben an die Existenz GOTTES auch völlig grundlos mit seinem freien Willen ablehnen.

Der Mensch nimmt mit seinem ordnenden Verstand die Realität, die ihn umgibt wahr, aber er kann sie geistig nicht wirklich vollständig erfassen, und deshalb ist er ständig gezwungen mit seinem logischen Denken die Wirklichkeit möglichst vernünftig und einsichtig zu deuten. Die menschliche Erkenntnis beruht nicht einfach auf dem sicheren Wissen sondern grundsätzlich auf den vielen richtig gedeuteten und glaubwürdigen Wahrscheinlichkeiten.

Diese Tatsache können die Menschen heute nicht mehr sehen, denn das gefundene richtige Wissen kann sofort für die Verwirklichungen von neuen Möglichkeiten eingesetzt werden. Für sie bedeutet Wissen im modernen Wahrnehmungsmodell „Können". Das anwachsende Wissen ermöglicht den rasanten technischen Fortschritt, und lässt die Welt und die Menschen als machbare Objekte erscheinen. Doch diese Vorstellung ist eine Illusion. Die Objekte werden mit dem Verstand gedeutet, aber nie vollständig erfasst und endgültig durchschaut. Die Unwissenheit bleibt immer grösser als das Wissen.

Das Erkennen der Wirklichkeit

Erkennen heisst trennen. Das Erkennen der Wirklichkeit ist eine geistige Wahrnehmung von festen Identitäten und ein Trennungsprozess. Das „Ich" ist ein Ganzheitsbegriff, den ich nur als ungeteilte Einheit wahrnehmen kann. Ich kann diese Wahrnehmung des Ganzen, z. B. „Ich" nie in einzelne Teile zerlegen, denn die abgetrennten Einzelheiten bleiben nur noch Zuschreibungen zu meinem „Ich". Dagegen kann ich den Begriff „Mensch" mühelos in Bestandteile auftrennen, die von mir getrennt, real existieren: Geist, Knochen, Gewebe, Muskeln, Fett, etc. Der Verstand nimmt hier Einzelheiten mit den Begriffen aus der Wirklichkeit Mensch heraus, die ich auch anderswo objektiv z. B. als „Knochen" wieder finden kann. GOTT und das „Ich" können daher nur intuitiv und untrennbar als Ganzes mit verschiedenen Aspekten vom rationalen Verstand wahrgenommen werden. So bleiben die Ganzheitsbegriffe für das menschliche Denken vordergründig erkennbar und zugleich unfassbar, als reale Geheimnisse verborgen.

Ich bin Ich und weiss doch nicht, wer ich wirklich bin.

Jede intelligente Person nimmt sich und die Wirklichkeit individuell begrenzt wahr und bestimmt mit dem freien Willen, was sie annehmen will. Die ganze Menschheit hat auch kein wirkliches Wissen über sich selbst. Mit dem Verstand können die Menschen ein ideales ausgedachtes Bild von sich selbst machen, aber die reale Wirklichkeit widerspricht immer dieser gedachten Vorstellung

Mit der Logik können Menschen in Zeit und Raum die gleichen Dinge im abstrakten Denken finden. Die abstrakten Begriffe und Folgerungen, die Personen sich bilden, sind allerdings nur Aspekte der Welt, nie die reale Wirklichkeit der Dinge. Allem menschlichen Reden haftet daher auch eine relative Unschärfe an. Die Sprache ist also auch nur ein nützliches Hilfsmittel zur Erfassung der realen Wirklichkeit, denn jedes Wort ist nur eine geistige Sicht auf das wirkliche Ding. Die menschliche Kommunikation erfordert von jedem Individuum eine offene und redliche Wahrnehmung. Fehlt diese Einstellung, so können die Menschen nicht mehr miteinander kommunizieren. Jeder echte Dialog beruht auf einem begründeten Vertrauen in die benutzten Worte und auf dem Willen gemeinsam eine glaubwürdige Wahrheit zu suchen.

Diese sehr komplexe Erfassung der Wirklichkeit wird heute in der modernen Gesellschaft übersehen, weil im logischen wissenschaftlichen Weltbild die gewonnen Erkenntnisse immer eindeutige und absolut verbindliche Ergebnisse hervorbringen. Man meint die Logik erfasse die ganze Wirklichkeit aber die Logik erfasst nur äusserliche Merkmale und Funktionen der Objekte. Trotzdem ist man überzeugt, dass alles auf dieser Welt mit der abstrakten Logik sich erklären lasse, denn man glaubt, dass alles Geschehen in der Welt funktional zerlegbar sei, und auf eindeutige Naturgesetze reduziert werden könne. Jede wahrscheinliche bzw. plausible Deutung versteht man als ein absolutes Wissen.

Die neuen und unvorstellbaren Erfolge in Wissenschaft, Medizin und Technik bestärken diese irrige Wahrnehmung der Realität. Der moderne Mensch ist heute der Wissenschaft als die einzige Instanz in der Erfassung der Wirklichkeit verfallen. Was wissenschaftlich und objektiv nicht erklärt werden kann, bleibt als unbewiesene Einbildung in dieser Sicht bedeutungslos. Das gilt für religiöse Aussagen, denn sie werden als ungesicherte Meinungen mit der Märchenwelt verbunden. Gleichzeitig meint man sich selbst genau zu kennen und ein objektives Wissen über die Menschen und die Welt zu haben. Doch dieses sichere Wissen hat niemand. Der Geist formt Hypothesen, um die Wirklichkeit zu erfassen, und die Menschen müssen ohne ein sicheres wissenschaftliches Wissen ihr konkretes Leben mit Hypothesen gestalten.

Diese neue vermeintliche Sicherheit in der wissenschaftlichen Wahrnehmung der Welt verhindert die mögliche Wahrnehmung GOTTES. Es gibt kein Wissen über GOTT, aber die geistige Person kann eine mögliche Gewissheit besitzen, GOTT real erfahren zu haben. Das ist der grosse Irrtum im modernen wissenschaftlichen Weltbild, das auf einem vermeintlich sicheren Wissen ruht, denn alles sichere Wissen ist in die wahrscheinlich richtigen aber zugleich begrenzten menschlichen Deutungen der Wirklichkeit eingebettet.

Das menschliche Wissen ist nur in begrenzten Fällen absolut eindeutig und sicher.

Der Glaube lässt eine konkrete Wahrnehmung als eine scheinbar richtige Wahrscheinlichkeit stehen, denn der Glaube vermittelt dem Beobachter eine vorläufige Gewissheit den Sachverhalt richtig zu sehen und zu verstehen. Die Gewissheit ist eine mit dem Verstand geprüfte Annahme einer subjektiven Beobachtung des Sachverhaltes, die meine Deutung als richtig und zutreffend erscheinen lässt. Die Gewissheit erfasst meine subjektive Sicherheit im Urteil. Wiederhole ich mit dem Verstand die Überprüfung meiner Deutung ist ein anderes Urteil möglich. Die Gewissheit bleibt immer eine vorläufige Annahme, dass meine Deutung dem Sachverhalt entspricht, und ich mich in meiner gegenwärtigen Beurteilung der konkreten Wahrnehmung nicht irre.

Wissen dagegen ist eine abgeschlossene und richtige gleichbleibende Erkenntnis, die nicht mehr verändert werden kann. Das Wissen wird einer mathematischen Gleichung gleichgesetzt. Das richtige Ergebnis kann nicht mehr korrigiert werden; es bleibt immer zweifelsfrei eindeutig und endgültig. Jedes Wissen ist allerdings immer auf einen engen konkreten Sachverhalt ausgerichtet. Die grossen existenziellen Lebensfragen können daher nie mit einem sicheren Wissen erfasst und eindeutig beantwortet werden.

Es gibt kein objektives Wissen für die Beurteilung einer Person. Das Wesen einer Person kann nur annähernd als zutreffend erfasst werden. Meine Selbstbeurteilung beruht auf meinen persönlichen Beobachtungen und den Erklärungen meiner Umwelt. Dabei sind verschiedene erklärende Deutungen normal. Die eigene Selbsterkenntnis und die Wahrnehmung GOTTES beruhen auf Gewissheiten, die ich persönlich zunächst als Deutung zweifelsfrei für richtig halte. Ich bin mir bewusst, dass andere Menschen mich und die Welt völlig anders sehen, und mich anders deuten. Das Selbstbewusstsein kann das eigene Ich und die Welt nur als zutreffende Wahrscheinlichkeit wahrnehmen.

Die überlieferten religiösen Gewissheiten der Gläubigen, dass der gute Mensch auf GOTT hören soll, und im Himmel seine Vollendung finden werde, haben in der neuen wissenschaftlichen Welt ihre Anziehungskraft verloren. In der menschlichen Vorstellung wurde der religiöse wunderbare Himmel zum materiellen Horizont, bzw. zu einem wissenschaftlichen Objekt. Nicht GOTT, sondern die Menschen können in Wahrheit einen wunderbaren Himmel auf Erden erschaffen, glaubt man jetzt zu wissen. Der unglaubliche moderne materielle Wohlstand in der Gesellschaft verstärkte die Überzeugung alles sei machbar. Seither nehmen die Menschen die ganze Erde in Besitz und sie fühlen sich mit ihrem Wissen als die unbestrittenen Herren der Welt. Diese Generation meint ein sicheres Wissen über sich und die Welt zu haben.

In diesem neuen wissenschaftlichen Selbstverständnis des Menschen hat die persönliche religiöse Gewissheit ihre existenzielle gesellschaftliche Bedeutung verloren. Der überlieferte Glaube an die Botschaft Christi wurde auf eine private Meinung reduziert, und das Christentum vollständig aus dem gesellschaftlichen Leben verbannt. Christus, seine Botschaft und seine Lebensweise gelten jetzt als irreal und die Lehre der Kirche wird ganz einfach der vorwissenschaftlichen Tradition zugewiesen. Verbindlich und gültig für das menschliche Denken und Handeln ist nur noch die wissenschaftliche Logik. Im Zentrum der Gesellschaft steht heute als Ideal dieses neue religionslose wissenschaftliche Denkmodell

„Mein Jahrgang sollte nicht über Glauben schreiben. Wer um 1991 geboren wurde, hat über Glauben nichts gelernt, Im Religionsunterricht malten wir meiner Erinnerung nach, stundenlang Mandalas aus. Im Französischunterricht lernten wir das Vaterunser auf Französisch und im Englischunterricht auf Englisch. Dass wir das Gebet je auf Deutsch durchgearbeitet hätten, daran erinnere ich mich nicht.“ (NZZ, 24.11. 2021, S. 17. Angelika Hardegger)

Dieses religionslose Denkmodell hat sich offensichtlich auch im kirchlichen Religionsunterricht eingeschlichen. Ein bekenntnisloser, nichtssagender und oberflächlicher Religionsunterricht wurde ohne innere überzeugende und begeisterte Überzeugung von den Lehrkräften den Kindern vermittelt.

Dogmatisches Wissen und toter Glaube

An diesem Verlust der religiösen Wahrnehmung in der Gesellschaft ist auch die Kirche schuld. Sie hat die Botschaft der Nächstenliebe nicht mehr vorgelebt, den Glauben als ein dogmatisches Wissen vorgestellt, die bedingungslose Annahme der kirchlichen Tradition verlangt und ein hierarchisches Kirchenrecht eingerichtet, das von den Gläubigen demütige Unterwerfung einfordert. Mit einer übertriebenen und puritanischen Sexualmoral wurden die Gläubigen jahrelang belastet und erst heute werden die pädophilen Missbräuche so vieler Priester offenkundig. In kirchlichen Einrichtungen wurde die Nächstenliebe missachtet und die Mitmenschen lieblos behandelt, denn die hierarchische Kirche hat die Menschenliebe nur noch von der Kanzel gepredigt, aber nicht mehr vorgelebt. Die Kirche wurde mit ihrem neuen dogmatischen Wissen zu einem strengen und gut durchorganisierten aber lieblosen Verein.

Die Wahrheit des Glaubens wurde in der Kirche dem Nutzen der Einheit untergeordnet. Mit dem Hinweis auf das Ansehen der Kirche versuchte die Kirchenleitung ihre eigenen Fehler jahrelang zu vertuschen. Das Fehlverhalten der Gläubigen wurde stets öffentlich kritisiert. Dagegen wurden die Fehltritte der Priester mit Schweigen geschützt. Durch eine verirrte Auslegung der Beichte wurde z. B. der pädophile Täter noch entlastet und geschützt. Die Kirche ist auf diese Weise zu einem eigennützigen und selbstbezogenen Verein geworden, der sich nur noch selber schützen will. In diesem falschen Verständnis wird die Kirche zu einer absoluten und unantastbaren ja göttlichen Grösse erhoben, die sich für unzerstörbar hält. Heilig sei die Kirche, sie müsse unbedingt vor jeder Kritik geschützt werden und die Gläubigen müssen der Amtskirche immer gehorchen. Dieses aktuelle Denkmodell hat sich in der Kirche festgesetzt.

Die Kirche hat sich vom Grundgedanken der Botschaft Christi entfernt, das Reich GOTTES zu verwirklichen. Die Vermittlung der geistlichen Beziehung des Gläubigen zu Christus wird in der Verkündigung vernachlässigt und die Nächstenliebe verflüchtigt sich zu einer karitativen Unterstützung von Armen. Die Kirche ist ein „weltlicher Verein“ geworden und nicht mehr ein Vorbild in der Liebe zu GOTT und den Menschen.

Der spirituelle Kern der Botschaft Christi geht in diesem Denken verloren. An Stelle der Einheit mit Christus hat sich heute automatisch die Einheit mit der Hierarchie gesetzt. Nicht mehr das Wohlwollen, sondern das Recht bestimmt seither den kirchlichen Dialog. Die Atmosphäre in der Kirche ist jetzt kalt, die Gespräche sind giftig und statt der Einheit im Geiste Christi wird die Trennung im kirchlichen Raum durch die dogmatischen Richtungskämpfe ständig grösser. Immer mehr Gläubige verlassen still die kirchliche Gemeinschaft, weil die Hierarchie ihre Anliegen gar nicht hören will. Eine Erneuerung der Kirche wird nur möglich, wenn die Gläubigen wieder Christus sich zuwenden und mit seinem Heiligen Geist das Reich GOTTES und nicht das Kirchenrecht suchen.

Um den Aufstieg bzw. den Niedergang der religiösen Wirklichkeit richtig verstehen zu können, ist notwendig einen kritischen Blick auf das eigene Wahrnehmungsvermögen zu werfen. Was weiss ich als Mensch wirklich über mich und die Welt? Ohne Selbsterkenntnis gibt es kein religiöses Erkennen und kein Verständnis der Religion als eine notwendige und lebenswichtige Deutung des persönlichen Denkens und Handelns. Nur wer sich gründlich mit dieser Frage beschäftigt, kann das Wesen der religiösen Wirklichkeit erkennen und auch erfahren. Über das Wohlwollen wird die religiöse Wirklichkeit gefunden.

Es lohnt sich diese existenziellen Fragen der religiösen Wirklichkeit vernünftig und glaubwürdig zu beantworten. Niemand kann eine religiöse Überzeugung beweisen, aber jede Person kann eine gute, glaubwürdige und wahrscheinlich richtige Antwort für ihre existenziellen Grundfragen auf dem Fundament von religiösen Erfahrungen finden. Das soll der folgende Abschnitt vernünftig und klar aufzeigen.

Die persönliche Wahrnehmung der Wirklichkeit

Wer über die Religion und die letzte Bestimmung des Menschen auf dieser Welt redet, muss zuerst über sein eigenes Wesen Rechenschaft sich geben. Das ist keine leichte Aufgabe. Die Welt der Lebewesen ist keine Ansammlung von messbaren Objekten, sondern von Wesen, die sich verändern und sterben. Der Mensch ist kein fixes Objekt, das sich auftrennen und vermessen lässt, sondern ein Subjekt, das sich stets neu formt, solange es lebt. Menschen sind zuerst Individuen, die in einer völlig fremden Realität geistig erwachen und von der Gesellschaft erzogen, sich zu Individuen entfalten und die versuchen sich und die Welt richtig zu verstehen. Dieser Versuch sich vollständig zu erfassen, bleibt in der Fülle der Einzelheiten stecken. Das individuelle Wissen ist begrenzt und ein umfassendes Wissen über sich selbst, GOTT und die Welt gibt es nicht.

Über Nichts hat der Verstand des Menschen je eine vollständige Einsicht. Die geistige Person findet nur viele mögliche Annäherung an die komplexe reale Wirklichkeit, aber kein Mensch findet ein umfassendes Wissen über sich und die Welt. Die Menschen erschaffen sich vielmehr ein abstraktes künstliches Denkmodell über sich und ihr Dasein, das nur vordergründig und oberflächlich der Wirklichkeit entspricht.

Die geistige Person ist ein veränderliches Subjekt, das sich immer wieder neu deuten muss.

Das menschliche Erkennen der realen Wirklichkeit ist ein sehr komplizierter Vorgang. Vor dem Wissen steht das Vertrauen. Die materiellen Objekte im Umfeld können mit den Sinnen gedanklich erfasst werden. Der Mensch kann nach den Gegenständen greifen und sie klar mit Hilfe seines geistigen Abstraktionsvermögens voneinander trennen. Erkennen heisst also zunächst: „Auftrennen des Ganzen in Einzelteile“. Mit der Fähigkeit abstrahieren zu können, beginnt jedes konkrete Erkennen der Realität. Die Abstraktionen aus der Wirklichkeit können im Gedächtnis gespeichert werden. Wissen ist folglich das Einsammeln von abstrakten Begriffen im Gedächtnis, die abgetrennte Einzelheiten von der sichtbaren Welt beinhalten. Das abstrakte Wissen ist nicht die reale und objektive Wirklichkeit, sondern nur ein gedankliches Konstrukt.

In einem zweiten Schritt kann der Mensch mit der Logik die abstrakten Objekte begrifflich zerlegen und analysieren, Beziehungen erkennen, das Wesentliche von den Zufälligkeiten trennen, das Bleibende von Vergänglichem wegdenken, und unzählige Abhängigkeiten bzw. Zusammenhänge in und zwischen den unterschiedlichen Objekten sehen. In der Abstraktion kann der menschliche Geist die Einzelheiten wiederum völlig neu vernetzen. Der intelligente Verstand erkennt die Gesetzmässigkeiten in der Natur und er kann daher immer die Objekte für sich ausnützen. Dank diesen geistigen Fähigkeiten verändern heute die Menschen mit der modernen Wissenschaft und Technik die ganze Welt. Seither halten sie sich selbst für die Schöpfer einer neuen und besseren Welt.

Im Weiteren kann der Mensch mehr wahrnehmen als es zu sehen gibt. Er hat die spirituelle Fähigkeit Künftiges zu sehen und wenn es möglich ist, kann er das bis jetzt nur Gedachte auch realisieren, und neue Dinge erfinden und erschaffen. Der Mensch kann also vernünftig an das „Noch-nicht-Seiende“ glauben, neue Objekte erfinden und sein Leben nach seinem Willen gestalten. Die Gestaltung des Lebens stützt er nicht auf ein objektives Wissen, sondern auf subjektive Gewissheiten bestimmte Dinge machen zu wollen. Glauben und Wissen bedingen bzw. ergänzen sich gegenseitig, denn der Mensch muss nicht bedingungslos dem Wissen gehorchen, weil er auch seinem Glauben folgen kann. Die freie, denkende und handelnde Person ist kein logisches Produkt.

Die Fragen nach dem Sinn und dem Zweck des eigenen Daseins in dieser Welt kann die individuelle geistige Person nur vertrauensvoll mit einem vernünftigen Glauben lösen. Daher ist die Suche nach dem Ziel des eigenen Lebens nur im Glauben möglich. So wie ich mich als eine geistige freie Person sehe, kann ich auch GOTT als Schöpfer der Welt nur gläubig wahrnehmen. Das menschliche Leben wird vom persönlichen Glauben bestimmt, der das Wissen benutzt, um das ausgedachte Ziel zu erreichen. Der Glaube hat das Ganze im Blick, das Wissen dagegen versucht konkrete Probleme zu lösen. Gelöste Probleme brauchen keinen Glauben mehr, denn das Wissen vernichtet das Ungewisse.

Die Menschen haben also weder über sich, noch über die Welt, noch über GOTT je ein umfassendes Wissen; sie konstruieren sich selbst nur beschränkte richtige Deutungen. Würden die Menschen alles wissen, so gäbe nur noch eine einfache und richtige Berechnung der komplexen Lebensweise. Das Leben ist aber komplex und es umfasst weit mehr als das gesicherte „Wissen". Leben ist: Fühlen und Denken, Logik und Freiheit, Wissen und Glauben, Abstrahieren und Konkretisieren, Deuten und konkretes Handeln, etc.

In der Fülle des Sichtbaren ist heute das grosse mögliche Unsichtbare im Leben verloren gegangen. Im Rausch des technischen Fortschrittes fällt es den Menschen schwer an einen unsichtbaren GOTT zu glauben, weil sie aus eigener Kraft ihr Leben und das Antlitz der Erde radikal verändern wollen und beides auch können. Ein Wahn der menschlichen Allmacht hat das Denken der modernen Menschen erfasst. Sie setzen sich selbst mit Gott gleich. Ihr rationales und logisches Denken lässt diesen abstrakten Schluss zu.

Was Gott kann, das kann auch der Mensch.

Da es keinen klaren und verständlichen Gottesbegriff gibt, und auch keine Notwenigkeit besteht an einen Gott zu glauben, wird die Wahrscheinlichkeit, dass GOTT existiert, als eine unbrauchbare unwissenschaftliche Hypothese abgelehnt. Vor dieser „allmächtigen" wissenschaftlichen Logik des Könnens ist es vielen Menschen peinlich noch an GOTT zu glauben.

Die menschlichen Vorstellungen von GOTT

Um über GOTT zu denken und zu reden, brauchen die Menschen eine Vorstellung von GOTT, und „ER" muss sich ihnen offenbaren, damit sie mit IHN geistig erkennen können. Obwohl die reale Wahrnehmung GOTTES eine angeborene Möglichkeit ist, finden nicht alle Menschen den persönlichen Zugang zum unsichtbaren GOTT. Die Gläubigen müssen GOTTES Gegenwart suchen. Diese Suche ist immer individuell und subjektiv, denn der Gottesglaube ist nur in den persönlichen Wahrnehmungen „GOTTES" möglich. Die geistige Person muss zudem diese Wahrnehmungen GOTTES auch annehmen wollen.

Die eigene Wahrnehmung GOTTES ist einzigartig. GOTT ist kein Objekt unter Objekten, sondern er umfasst die gesamte Wirklichkeit, in der ich mich selbst persönlich und geistig wahrnehmen kann. GOTT ist mein mich umfassendes Gegenüber, und GOTT offenbart sich mir persönlich auf mannigfache Weise. Ich kann die Gegenwart GOTTES spüren, erleben und mit dem Verstand deuten, aber nicht besitzen. Als denkende Person kann ich zu dem „Mich-Ganz-Umfassenden", wie zu den Mitmenschen eine spirituelle Beziehung finden.

Die Wahrnehmung der Wirklichkeit ist individuell geformt. Der Mensch kann in gewisser Weise für sich selbst sein Weltbild konstruieren. Niemand muss GOTT als sein umfassendes Gegenüber annehmen. Die Gottesfrage ist daher unter den Menschen eine endlose Streitfrage. Viele Menschen haben keine eigene subjektive Einsicht in die Existenz GOTTES gefunden, und sie bezweifeln seine Anwesenheit. Es gibt auch kein sicheres Wissen, das mich zu diesem Glauben zwingen würde, aber es gibt hinreichende Gründe für meinen Glauben an die mich umfassende Gegenwart GOTTES. In der Tat ist der Glaube an GOTT unter den Menschen in allen Generationen immer gegenwärtig. Der Mangel an sicherem Wissen hat den Gottesglauben nicht verdrängt. Offenbar haben sehr viele Menschen immer wieder GOTTES Gegenwart real und konkret erfahren.

GOTT wird grundsätzlich individuell und persönlich wahrgenommen. Zwischen GOTT und dem Gläubigen müssen reale Beziehungen entstehen. Um nach einer Wahrnehmung GOTTES etwas aussagen zu können, benutzt der von GOTT berührte Gläubige das abstrakte Denken. In Bilder aus der sichtbaren Welt versucht der Gläubige die erfahrene Wirklichkeit GOTTES objektiv sich und den Mitmenschen verständlich zu machen. Dabei werden auch abstrakte Begriffe überhöht oder verneint. Auf diese Weise werden die vielen überhöhten Eigenschaften GOTT zugeschrieben: *Allwissender, Allmächtiger, Heiler der Welt, Allbarmherziger, Allgerechter Richter, Retter aus jeder Not,* usw. Diese Begriffe benutzen auch die Christen als Hinweise, wenn sie von GOTT reden.

Grundsätzlich aber wird seit Christus in der christlichen Tradition GOTT mit der allgegenwärtigen Kraft der göttlichen Liebe identifiziert, denn die ganze Schöpfung wird als ein Akt der unendlichen Liebe GOTTES verstanden. So hat Christus GOTT wahrgenommen. Diese Erklärung, dass die Schöpfung der sichtbaren Welt Ausdruck der unfassbaren Liebe GOTTES sei, bleibt schwierig zu verstehen, denn die Welt der Menschen wird vom Hass und nicht nur von der Liebe geprägt. Daher fordern die Menschen von GOTT die Gerechtigkeit.

In GOTT die Liebe statt nur die Gerechtigkeit zu sehen ist daher eine grosse Herausforderung an den menschlichen Geist. Die Menschen erwarten von GOTT jene Gerechtigkeit, die in dieser Welt von den Menschen nie geschaffen werden kann. Sie erbitten ein gerechtes göttliches und unerbittliches Urteil über die Bösen. Von der Gottheit wird auf diese Weise die endgültige Genugtuung für die misshandelten Opfer verlangt, und die bösen Menschen sollen nach ihrem Tod von der richtenden Gottheit ihre gerechte Strafe in der Hölle bekommen. In diesem Bild ist GOTT ein allwissender, wahrer, gerechter und endgültiger Richter über das menschliche Verhalten! Dagegen steht die subjektive Gewissheit des Christen, der GOTT in den Beziehungen zwischen sich und der Wirklichkeit als Liebe erfahren hat und nicht als Richter.

Was immer die Gläubigen über GOTT sagen, ist eine Mischung aus eigener Wahrnehmung, gehörten Aussagen und persönlicher Deutung. Der Mensch kann sich kein wirkliches Bild von GOTT machen. Zu klein ist das menschliche

Hirn, zu beschränkt sind die Wahrnehmungen und zu kurz ist das Dasein als eine geistige Person auf dieser Welt, um sich selbst und die eigene Existenz auf diesem im All verlorenen Planeten richtig verstehen zu können. Was immer die Menschen über sich und die Welt ausdenken, bleibt ein abstraktes Wissen, das wie das Wetter im Laufe der Zeit sich ständig verändert. Das menschliche Wissen bleibt immer in der Unwissenheit (Hypothese) verhaftet, denn jedes neue Wissen (Theorie) ist unvollständig, zufällig und oberflächlich. Das gilt für die Gläubigen und die Ungläubigen. Der gläubige Christ versteht GOTT als die mögliche und wahrscheinlich richtige, allumfassende Liebe.

Für die Gestaltung des Lebens haben die Menschen tatsächlich nur subjektive Gewissheiten, kein objektives Wissen und einen beschränkten freien Willen. Nicht das Wissen sondern das Wollen bestimmt in Wahrheit das menschliche Leben. Der Christ will daher GOTT in der Liebe folgen. Der Gläubige kann und will mit seiner inneren Gewissheit der Liebe und Güte GOTTES vertrauen, und auch allen Geschöpfen mit Wohlwollen begegnen, damit das Gute tatsächlich unter den Menschen im Reich GOTTES verwirklicht werde. So deutet der Christ die von Christus verheissene Botschaft. Das Fehlen eines objektiven Wissens ist kein Nachteil, denn die Grunderfahrung des Menschen ist die subjektive Gewissheit. Diese Gewissheit des Menschen ist wichtiger als sein Wissen.

Wenn der Christ von seinem Glauben an GOTT spricht, vertraut er immer seiner subjektiven Gewissheit. Es gibt also kein objektives Wissen über GOTT, der unsichtbar ist, aber das bedeutet nicht automatisch, dass GOTT nicht geistig fassbar ist. GOTT ist zunächst ein normaler und abstrakter Begriff im Denken der Person. Die eigenen Wahrnehmungen erfassen nicht nur Objekte, sondern auch subjektive Gefühle, Intuitionen, spirituelle Beziehungen und reale Möglichkeiten. Mit dem Verstand müssen alle abstrakten Begriffe mit der Wirklichkeit verglichen werden. Das scheint zunächst nicht möglich zu sein, weil GOTT als ein Objekt unfassbar ist. Daher wird GOTT nur intuitiv und geistig als Begriff für die alles umfassende Ganzheit von der Person wahrgenommen.

GOTT kann in einer subjektiven Beziehung aber nicht objektiv als ein Objekt spirituell erfasst und erfahren werden. In der wissenschaftlichen Welt der Logik gibt es keinen GOTT als messbares Objekt. Die Logik erfordert klare Objekte, und gleichbleibende begrenzte Voraussetzungen, aber die Wirklichkeit ist dagegen immer veränderlich und mehrdeutig. Die abstrakte Logik erfasst also nie die ganze komplexe Wirklichkeit. Die Logik erfasst das „Unveränderliche" am veränderlichen Objekt. Die geistige Person erfasst intuitiv zuerst die ganze Umwelt und später in speziellen Fällen mit der Logik fixe getrennte Objekte.

Alle Begriffe und Erfahrungen sind zunächst gedachte abstrakte „Vorurteile". Das gesprochene Wort „gerecht" ist z. B. ein abstrakter Begriff, der sofort einleuchtet, aber in der Anwendung auf die Wirklichkeit unscharf wird. Ich habe eine Intuition, aber kein sicheres Wissen, was „gerecht" ist. Die Abstraktion ist nicht die Wirklichkeit. Nicht das Wissen sondern die Gewissheit verbindet die Abstraktion mit der komplexen Wirklichkeit und macht mein Handeln möglich.

Gewissen und Verantwortung

Der Mensch als eine erwachsene geistige Person hat einen logischen Verstand, ein objektives Erkennungsvermögen über die Welt, die Fähigkeiten eine eigene Sicht auf die Welt auszudenken, offene Möglichkeiten sein Leben zu gestalten und einen freien Willen sich unabhängig zu entscheiden etwas zu tun oder auch zu unterlassen. Das Individuum kann sein eigenes Denken und Handeln innerhalb der vorgegebenen Umwelt selbst bestimmen. Das aber bedeutet, dass die Person für ihr Denken und Handeln auch verantwortlich ist.

Was immer der Mensch macht, löst eine Reaktion in der Umwelt aus. Es entsteht ein bestimmtes, gutes oder schlechtes Verhältnis zur Umwelt, denn die Umwelt reagiert auf jeden Eingriff. Wenn ich als Person handle, kann ich zwar über mich, nicht aber über die Umwelt allein bestimmen. Menschliches Handeln eröffnet folglich immer Wechselwirkungen. Das wiederum hat Folgen für die aktive handelnde Person. Sie muss der Reaktion der Umwelt Rechnung tragen.

Das reale menschliche Handeln begründet Beziehungen und verursacht sehr komplexe Prozesse. Die zwischenmenschlichen Beziehungen ermöglichen erst ein echtes menschliches Leben. Kein Mensch lebt für sich allein. Bereits das neugeborene Kind ist vollkommen der Umwelt ausgeliefert. Ohne eine reale mitmenschliche Fürsorge stirbt das Kind. Alle menschlichen Beziehungen ruhen auf dem Verantwortungsbewusstsein der Personen. Ohne dieses persönliche Bewusstsein der Verantwortung für die Mitmenschen und für die Umwelt, gibt es keine menschliche Gemeinschaft. Das eingeprägte Bild der heilen Familie ist der konkrete Ausdruck für dieses Verantwortungsbewusstsein. Das Individuum ist also mit seinen Fähigkeiten und Möglichkeiten jederzeit verantwortlich für das Wohlergehen der Mitmenschen zu sorgen.

So betrachtet ist die hilfsbereite Daseinsgestaltung jeder Person als eine verantwortungsvolle Aufgabe zu verstehen, die das Leben in der Gemeinschaft erst ermöglicht. Die konkreten Beziehungen des Individuums zur Gemeinschaft wurden früher unter dem Begriff Moral diskutiert. Dabei stand immer das Individuum in der Verantwortung vor GOTT im Vordergrund. Heute sind die Moral und das Moralisieren verpönt. Man spricht jetzt von Menschenrechten und meint damit den Anspruch des Einzelnen gegenüber der Gemeinschaft. Das persönliche Wohlergehen wird heute als ein Rechtsanspruch verstanden und vom ursprünglichen verantwortungsvollen Wohlwollen getrennt.

Von der Verantwortung des Menschen vor dem göttlichen Anspruch leitete sich das frühere Verständnis der Moral ab. Für die richtige Beurteilung von Recht und Unrecht sei letztlich GOTT zuständig, und die Menschen sollten nach dem göttlichen Willen das Schlechte und das Böse meiden, denn der Mensch könne nie ungestraft Böses tun. Ohne den Bezug auf GOTT verschwindet die Moral. Man handelt vor der gottlosen Gesellschaft nur noch erfolgreich oder falsch.

Im neuen Weltverständnis werden die Menschen von Menschen endgültig beurteilt und verurteilt. Die Individuen werden heute ausschliesslich von der Gesellschaft kontrolliert und für alle persönlichen Handlungen verantwortlich gemacht. Das neue Denken in Rechtsansprüchen gewährt der Person keine freie Wahl, denn das Individuum muss den gesetzlichen Vorschriften immer Folge leisten. Die volle Verantwortung über das Handeln des Individuums beansprucht jetzt allein die Mehrheit in der Gesellschaft, denn sie allein bestimmt die Gesetze. Jeder Mensch wird durch das erlassene menschliche Gesetz gefordert und gezwungen das zu tun, was die Mehrheit fordert. Die menschliche Gerechtigkeit ist in einer gottlosen Welt keine gute Vision.

Ohne GOTT gibt es die persönliche Freiheit nicht mehr, denn das Individuum kann sich nicht mehr auf eine höhere Instanz berufen. Der Mensch ist in diesem Denkmodell der Willkür von Gesellschaft und Staat vollkommen ausgeliefert. Die Macht des Stärkeren wird zur Gottheit. Die Gesellschaft, bzw. der Staat kann jetzt von den Menschen alles verlangen: Z. B. im Kriegsrecht muss der Soldat töten, sonst wird er als Verräter auch getötet.

Macht und Wissen verdrängen in diesem Weltbild das persönliche Gewissen. Das neue Menschenbild ist in Wahrheit rücksichtslos, grausam und bösartig. Die Macht allein macht das Recht und die Strafen. Die Gerechtigkeit wird zu einem willkürlichen Instrument der jeweiligen gesellschaftlichen Mehrheiten und der Tyrannen. Die willkürliche Macht der Gesetze in der Gesellschaft schafft keine Gerechtigkeit, denn die Macht verachtet die Würde und die Freiheit der Menschen. Die Meinung, dass alle Menschen vor dem Gesetz gleich seien, ist in diesem innerweltlichen Denkmodell unglaubwürdig und lebensgefährlich.

Es gibt kein absolutes und korrektes Wissen über das Verhältnis des Individuums zur Gesellschaft, und ohne ein sicheres Wissen gibt es auch keine wahre Gerechtigkeit. Recht und Gerechtigkeit sind nur Hilfsmittel zu einem verantwortungsvollen Umgang der Menschen untereinander. Wahre Rechte einzufordern ohne ein sicheres Wissen, dass sie konkret und korrekt erfüllt werden können, sind nur hohle Behauptungen. Von Menschenrechten zu sprechen, von denen man weiss, dass sie nicht erfüllt werden, sind Lügen. Die Rechtsansprüche allein lösen in keiner Gesellschaft die vielen komplexen zwischenmenschlichen Probleme. Es gibt in jeder Gesellschaft immer das mit Macht und vollem Wissen begangene boshafte Unrecht. Mit dem Recht der menschlichen Macht wurde Christus zu Unrecht gekreuzigt.

Macht, Wissen und Recht sind angeblich objektiv aber zugleich auch lieblos.

Erst mit dem freiwilligen und geschenkten Wohlwollen der individuellen Personen wird aus einer zufälligen Gesellschaft eine echte Gemeinschaft. Es braucht den ehrlichen und guten Willen zur Verständigung, denn ohne ein wahres wohlwollendes gegenseitiges Verständnis zerbricht jede Gemeinschaft.

Allein mit dem Gewissen wird GOTT und die Welt in Wahrheit erkannt

Die geistige Person verfügt über eine intuitive Fähigkeit die Wirklichkeit existenziell und klarer mit dem Gewissen zu erfassen. Das Gewissen ist stets auf die höchste Instanz der menschlichen Erkenntnis, d.h. auf das „Alles-Umfassende" hin ausgerichtet. Der Gläubige kann daher in einer persönlichen Beziehung GOTT anrufen und möglicherweise konkret als Helfer wahrnehmen, wenn GOTT der Person sich direkt offenbart. Das Gewissen kann das Erlebte mit dem Wort GOTT identifizieren. Diese Form der Gotteserfahrung des Gläubigen entspricht der menschlichen Wahrnehmung der geheimnisvollen Wirklichkeit seiner eigenen Existenz. Jeder erlebte Bezug zu GOTT muss daher immer einer geprüften individuellen Gewissheit entsprechen.

Eine Gotteserfahrung kann man sich auch einbilden. Wenn die Menschen z. B. von Liebe sprechen, wissen alle Personen auf ihre persönliche Weise, was mit Liebe gemeint ist,. Wer von der Liebe spricht, kann mühelos zunächst seine subjektive Erfahrung aussprechen, aber er kann das Erlebnis der Liebe nicht direkt am Objekt festmachen, denn eine Fixierung auf bestimmte objektive Einzelheiten zerstört die Liebe. Die Liebe ist eine freie spirituelle Erfahrung, bzw. eine subjektive Beziehung zu einem Subjekt. Die Liebe erkennt im Du ein unteilbares Subjekt. Liebe kann daher wissenschaftlich und objektiv nicht analysiert werden, ausser die Liebe wird als ein Tauschgeschäft verstanden. Dann wird die Liebe zu einem Messwert, und aus der Liebe wird eine Ware.

Wenn aber die Person die Liebe existenziell und persönlich erfährt, wird aus einer erlebten Intuition der Liebe eine reale Gewissheit und das Wort Liebe bekommt eine ganz andere Bedeutung. In der Liebe erlebt sich der Liebende materiell, intellektuell und spirituell als ein neuer Mensch. Liebe ist in Wahrheit wesentlich eine vertraute Beziehung und kein funktionales Wissen. In der Liebe erfährt die Person sich vom Geliebten getrennt und zugleich vereint. Nur in einer echten individuellen und freien Beziehung kann Liebe erfahren werden. So erlebt die Person die Gotteserfahrung als eine subjektive Gewissheit.

In der Beziehung zur göttlichen Wirklichkeit erlebt der Gläubige die Liebe GOTTES. Der objektiv unfassbare GOTT wird vom Gläubigen subjektiv in einer persönlichen Erfahrung plötzlich als unerklärliche Freude, Stärke, Kraft und als innere Zuversicht, dass alles gut wird, erlebt. GOTT wird intuitiv erfahren und das Erlebte kann mit Worten intellektuell nur bruchstückhaft wiederholt werden. Das Ich kann sich daher nie ein objektives Bild von GOTT machen, weil alle Begegnungen mit GOTT persönlich als subjektive Intuitionen erlebt werden. GOTT wird folglich mit dem Gewissen von der geistigen Person als die reale liebende göttliche Gegenwart intuitiv gespürt, erlebt und wahrgenommen.

Wo Liebe ist, da ist GOTT

Dieser Deutung der göttlichen Wirklichkeit als die vollkommene Liebe ist der Christus existenziell nachgefolgt, und er hat mit seiner Lebensweise in der göttlichen Gegenwart gelebt. Sein Leben machte auf wunderbare Weise die Liebe GOTTES den Jüngern sichtbar. So ist Christus persönlich das lebendige und sichtbare Zeichen der liebenden Gegenwart GOTTES auf dieser Welt.

Indem die Menschen aus der Kraft der Liebe GOTTES leben, erfüllen sie den Willen GOTTES. Das wird auch mit der Bitte im Vaterunser ausgedrückt .Wenn die Menschen einander in Liebe begegnen, mit Wohlwollen sich verstehen und in Güte handeln, können sie bereits im eigenen Wohlwollen den Himmel auf Erden erfahren. Das ist die Botschaft Christi. Christus wird als Zeichen der überfliessenden göttlichen Liebe real und spirituell erfahren. Christus ist kein politischer Messias, der die Welt verbessern will. Er will vielmehr, dass sein Heiliger Geist mit der Kraft der Liebe alle Menschen erfüllt. Auf diese Weise wird das Reich GOTTES in dieser Welt verwirklicht.

Dieses Verständnis Christi zu seinem GOTT und „VATER", der die absolute Liebe ist, ist neu. GOTT ist nicht mehr einfach allmächtig und verteilt manchmal ein bisschen Liebe, nicht mehr nur allwissend und überlässt wohlwollend den Menschen ein wenig Einsicht, noch bevorzugt er einige Auserwählte und übersieht die Andern. Konkrete Begriffe reduzieren GOTT auf ein Objekt. Vielmehr ist GOTT, der die bedingungslose Liebe ist, jederzeit und überall wohlwollend jeder Person nahe, aber er drängt sich nie auf, weil die Liebe die Freiheit in der Beziehung braucht und keinen Zwang erlaubt. Der Gläubige erfährt GOTT aber nur bruchstückmässig in seinem freien Bezug zur göttlichen Wirklichkeit. Die von GOTT geschenkte wohlwollende Liebe erlebt der Beter als eine reale, aufrichtende Freude und eine belebende Kraft. Das ist die wahre Frohbotschaft Christi: *GOTT, das „Alles-Umfassende-Sein" liebt dich!*

Das Reich GOTTES als ein Reich der Liebe
Christus und seine Botschaft

Darum sind die objektiven Begriffe: Allmächtiger, Allwissender, Abwesender, etc. auf GOTT bezogen unpassend. Die Liebe ist immer eine wirkliche und reale subjektive Erfahrung, die der Mensch mit Gewissheit erleben darf. In der Wahrnehmung dieser göttlichen Liebe wird der Mensch als ein gütiges Wesen, und als eine menschenfreundliche Person definiert. Auf diese Deutung der Wahrnehmung der Liebe GOTTES hat Christus seine Jünger hingewiesen.

Im Gebet suchen alle Menschen den Zugang zur göttlichen Wirklichkeit. Christus hat den Jüngern das Vaterunser geschenkt. In diesem Gebet wird das Wesentliche der Botschaft Christi deutlich. Die Menschen sollen den Willen GOTTES, der die Liebe ist, *wie im Himmel so auch auf Erden erfüllen.* Unter dem Reich GOTTES hat Christus die Zusammenarbeit zwischen GOTT und den Menschen in der Verwirklichung der Liebe verstanden. Gemeinsam können GOTT und die Menschen auf der Erde den Himmel realisieren.

„Unser Vater im Himmel, dein Name werde geheiligt, ***dein Reich komme, dein Wille geschehe*** *wie im Himmel so auf der Erde." (Mt 6,9.10)*

„Ich aber sage euch: Liebt eure Feinde und betet für die, die euch verfolgen, damit ihr Söhne eures Vaters im Himmel werdet." (Mt 5,54)

Die meisten Christen verstehen die Worte Christi verkürzt, und sie meinen es gehe im Christentum um die Einhaltung der 10 Gebote. Auf Erden sind die 10 Gebote notwendig, weil es die menschliche Bosheit gibt, aber nicht für den Himmel. Für Christus drückt die Liebe das Wesen GOTTES aus, nicht das Gebot, bzw. die Macht. GOTT ist Liebe und alles was ER schafft, entsteht aus der Liebe: Das All, die Welt, die Pflanzen, die Lebewesen und speziell der Mensch. GOTTES Wesen und Wollen ist daher ganz umfassend zu verstehen. *Alles Denken und Handeln der Menschen soll nach dem Willen GOTTES ebenfalls aus der göttlichen Kraft der vollkommenen Liebe geschehen.* Nur in der Liebe ist die göttliche Wirklichkeit für die Menschen real verständlich und erfahrbar. Für Christus war also GOTT nicht nur ein Richter über „Recht und Gerechtigkeit", sondern die überfliesssende und wohlwollende Liebe, die alles Leben auf dieser Welt durchflutet. Diese alles durchdringende göttliche Liebe wird in der Person Christi sichtbar: *Wahrer GOTT und wahrer Mensch*

Christus hat in der Einheit mit der göttlichen Liebe sein ganzes Wohlwollen allen Menschen verschenkt. Er hat zuletzt seinen Weg zum Kreuz als Ausdruck seiner Liebe zu GOTT und den Menschen, aber nicht als eine Opfergabe an eine beleidigte Gottheit verstanden. Diesen Weg der vollkommenen Liebe hat er freiwillig gewählt. Der Tod am Kreuz war der Schlussstein für seine ganze vollständige Hingabe an den Willen GOTTES, d.h. er hat sein Denken, Tun und Handeln mit der göttlichen Kraft der wohlwollenden Liebe gütig und gültig vollendet. Das erklärt seine passive Haltung im Prozess. Weder bekämpfte er seine Feinde noch verfluchte er sie. Er verweigerte sich der Rolle des ideologischen Führers in der Verteidigung nationaler Rechte, und er hielt sich auch nicht für einen politischen Messias, der sein Volk im Namen einer göttlichen Gerechtigkeit vor der römischen Übermacht befreien sollte. Die wahre Liebe benützt nie die Gewalt. Das entspricht dem Willen GOTTES, der aus Liebe die Freiheit des Menschen achtet.

Im Leiden und Tod wird die Grundhaltung Christi in ihrer vollkommenen Weise sichtbar. Als Sohn GOTTES tat er alles in seinem Leben aus der wohlwollenden Kraft der Liebe. Er gestaltete sein ganzes Leben gemäss dem Willen GOTTES; aus dem echten Empfinden mitmenschlicher Anteilnahme, aus seiner steten Hilfsbereitschaft die Leiden der Mitmenschen zu heilen und aus der Offenheit seines Herzen allen Menschen Achtung und Würde zu schenken Sein ganzes Verhalten entsprach nicht den gesellschaftlichen und religiösen Vorstellungen seines Volkes. Er folgte nicht blind den gesellschaftlichen Zwängen und den überlieferten Gesetzen. Er stritt mit den Schriftgelehrten, liess sich von einem Zöllner bewirten, sprach mit der Sünderin aus Samaria, heilte die blutflüssige Heidin und sogar den Knecht eines römischen Offiziers. Christus verstand sein Leben als vollständige Hingabe an den Willen GOTTES, der alle Menschen liebt: Gerechte und Sünder, Juden und Heiden, Griechen und Römer. Viele Zeitgenossen verstanden seine Haltung nicht, und sie lehnten seine Botschaft einer bedingungslosen Nächstenliebe ab. Das wusste auch Christus.

Nicht jeder der zu mir sagt: Herr! Herr! wird in das Himmelreich kommen.
*Sondern nur, wer den **Willen meines Vaters** im Himmel erfüllt (Mt 7,21).*

Das Leben, Denken und Handeln in der Nachfolge Christi ist eine grosse existenzielle Herausforderung an jede Person. Der Gläubige will wie Christus seine ganze Aufmerksamkeit auf den göttlichen Willen ausrichten und sein Leben aus der wohlwollenden Kraft GOTTES und mit seiner mitmenschlichen Liebe gestalten. Das erfordert zunächst eine gründliche Selbsterkenntnis und der Gläubige muss sein Fühlen, Denken und Handeln immer kontrollieren und auf die ihn umgebende göttliche Liebe ausrichten. Nicht das objektive Wissen allein, sondern das Gewissen muss seine konkrete Lebensgestaltung lenken. Um den Willen GOTTES zu erfüllen, stützt sich der Gläubige auf das logische und objektive Wissen, beachtet die realen und gefühlten Wahrnehmungen und entscheidet bewusst mit seinem Gewissen in allem seinem Denken, Tun und Handeln von der wohlwollenden Liebe sich leiten zu lassen.

Die Gottesliebe ist eine bewusste, gewollte und gefühlte persönliche Wahrnehmung in der gelebten persönlichen Lebensgestaltung.

Die konkrete Erfahrung der Liebe stützt sich immer auf objektive logische Gründe und auf subjektiv gefühlten Wahrnehmungen ab, denn alle abstrakten Begriffe beziehen sich auf logisches Erkennen und gefühlte Wahrnehmungen. In der modernen Gesellschaft werden die gefühlten Wahrnehmungen allerdings wenig beachtet, weil man für die Erkenntnis der Wirklichkeit nur noch die klare wissenschaftliche Logik zulässt. Man glaubt sogar heute, dass die gefühlten Wahrnehmungen sich auch vermessen lassen. Das ist ein Irrtum. Denken und Fühlen sind zwei ganz verschiedene Qualitäten in Bezug auf die richtige Wahrnehmung der Wirklichkeit, und sie können sich gegenseitig beeinflussen. Die reale existenzielle menschliche Lebenserfahrung beruht auf einem gefühlten Wissen als Gewissheit.

Das konkrete Leben nach dem Willen GOTTES

Die moderne vorwiegend wissenschaftliche Selbstbetrachtung der Menschen lässt den gefühlten subjektiven Wahrnehmungen wenig Raum. Die grossen existenziellen Lebensfragen werden nicht mehr gestellt, und nach dem Willen GOTTES wird nicht mehr gelebt. Die meisten Christen identifizieren heute die Religion nur noch mit religiösen Gemeinschaften und nicht mehr mit einem klaren persönlichen Bekenntnis zur Nachfolge Christi. Die Kirche wird als eine Gemeinschaft verstanden, in der die Gläubigen sich einer ganz bestimmten dogmatischen Gotteslehre unterwerfen. Damit wird der Kirche eine neue Rolle als Sammlerin von Gleichgesinnten zugewiesen. Gleichzeitig wird jeder religiösen Vorstellung eine wissenschaftlich unhaltbare Position zugesprochen. Die religiösen Dogmen werden in den Bereich von zweifelhaften Erfindungen abgeschoben, und das religiöse Denken und Reden wird aus dem alltäglichen Leben verbannt. Der Himmel wird im Wohlstand auf der Erde gesucht. Die Menschheit genügt sich selbst und lehnt jeden Bezug zur göttlichen Wirklichkeit ab, denn die Menschen glauben nur noch an ihr eigenes Wissen und Können.

Wenn es um religiöse Fragen geht, werden die dogmatischen Lehren zerpflückt und die konkrete Glaubensgemeinschaft soziologisch analysiert und das Verhalten der Gläubigen nach den geltenden gesellschaftlichen Massstäben beurteilt. Die Nächstenliebe wird ohne Gottesbezug als eine gesellschaftliche Pflicht konzipiert. Die Frömmigkeit ist keine Tugend mehr und tugendhaft wird abschätzig als unnütz, unzeitgemäss und überholt eingestuft. Kirchliche Gebete werden oft nur formelhaft wiederholt oder als allgemeine Bitten um Hilfe für die Lösung von selbstgemachten gesellschaftlichen Problemen formuliert.

Das aufgeklärte Wissen der Gesellschaft bestimmt den Inhalt der Religion, nicht mehr der göttliche Wille. Heute werden von der Kirche neue demokratische

Ämterstrukturen und die Gleichberechtigung aller Gläubigen verlangt, aber über Voraussetzung um wirklich an GOTT glauben zu können wird nichts gesagt. Der Glaube wird noch immer als ein Wissen, bzw. ein Nichtwissen verstanden. Die persönliche Beziehung des Gläubigen zur realen wohlwollenden Gegenwart GOTTES wird sogar im Gottesdienst wenig beachtet und nicht mehr als Hilfe für die Lebensgestaltung verstanden. Recht statt Liebe, Gesetze statt Wohlwollen, Macht statt Güte regeln den Umgang in Kirche und Gesellschaft. Man fordert für alle Menschen eine naive gesellschaftliche Anpassung und Gleichheit, die es nie geben wird. Die einzelnen Personen sind keine gleichförmigen Einheiten, die sich einfach austauschen lassen. Das moderne gesetzliche Denkmodell deckt sich nicht mehr mit der Botschaft Christi, der ganz konkret die Güte und Mitmenschlichkeit im Reiche GOTTES, bzw. in der Gemeinschaft der Kirche fordert. Allein die wahre wohlwollende Mitmenschlichkeit gibt den vielen benachteiligten Menschen die echte Würde und den berechtigten Respekt zurück, nicht aber die willkürlichen Gesetze. Nicht die Gleichheit sondern das Wohlwollen und die Liebe müssen in der Kirche verwirklicht werden.

Die Frage nach dem echten Glauben, bzw. nach GOTT ist grundsätzlich eine individuelle und persönliche Frage, die das Gewissen beantworten muss. Die Gestaltung des eigenen Lebens können weder die wankelmütige Gesellschaft noch die willkürlichen Gesetze oder die orientierungslose Kultur bestimmen.

Die geistige Person lebt grundsätzlich allein in ihrer eigenen Welt mit den Gedanken, den Wünschen und mit der individuellen Lebensperspektive. Auf der persönlichen Ebene stellt sich im Glauben zuerst die Frage nach GOTT, der den Menschen die richtige Orientierung geben kann. Das meinte Christus mit dem Aufruf zur Umkehr. GOTT wird im innersten des Herzens und nicht im aktuellen Kulturbetrieb der Gesellschaft gefunden.

Credo; ich glaube!

Das Fundament der Lebensgestaltung war für Christus seine innige Beziehung zu GOTT. Deshalb zog er sich immer wieder in die Einsamkeit zurück, um mit GOTT zu kommunizieren. Das Gebet gab Christus die Möglichkeit den Willen der Liebe GOTTES zu erfahren, die göttliche Gegenwart zu spüren und die Kraft zu bekommen gegenüber der Welt und den Mitmenschen dankbar, gütig wohlwollend und zugleich kritisch zu sein. Der gläubige Christ richtet daher wie Christus sich ganz auf den Willen GOTTES aus. Leben heisst für Christen somit Hinwendung bzw. Umkehr zu GOTT, um das göttliche Wohlwollen zu erfahren, und um von GOTT getragen, der Welt auch Wohlwollen und Güte schenken zu können. Der Christ muss daher immer in der Wirklichkeit GOTTES leben.

Die radikale Umkehr der Menschen zu GOTT, die Christus predigte, löste keine grosse Bekehrungswelle aus. Die Menschen blieben skeptisch und die meisten Zuhörer meinten, sie müssten vorher noch einige wichtige weltliche Geschäfte ausrichten, bevor sie sich der Frage nach GOTT zuwenden könnten. Sie wandten sich nur GOTT zu, wenn sie dringend etwas Konkretes brauchten und dann glaubten, dass er es richten könne. Das Gebet war für sie kein Moment in dem sie als betende Personen im Herzen GOTTES Gegenwart suchten, still wurden und auf die göttliche Stimme hören wollten. Sie verstanden ihr Gebet als eine berechtigte Forderung an Gott. Dagegen lehrte Christus: Nicht GOTT muss sich den Menschen zu wenden, vielmehr müssen die Menschen sich umdrehen und wirklich GOTT suchen, denn GOTT ist immer gegenwärtig.

Christus hat seine Jünger persönlich in die Umkehr zu GOTT berufen. Nicht alle, die er angesprochen hat sind seinem Ruf gefolgt. Der reiche Jüngling, den er lieb gewann, folgte Christus nicht und ging weg. Dagegen folgte Judas dem Christus, blieb ein skeptischer Hörer und er hat am Schluss sogar Christus verraten. Die ausgewählten Jünger waren selbstständige Charaktere und sie bildeten keine einheitliche Bruderschaft. Es gab unter ihnen Rivalitäten und Konflikte. Christus als ihr Meister übte keinen Druck auf sie aus und er formte sie nicht zu einer festen und geschlossenen Kampftruppe. Wenn die Jünger seine Worte nicht verstanden, erklärte sie Christus geduldig noch einmal.

Mit den Worten, Zeichen und Wunder wies Christus immer wieder allen Zuhörern und den Jüngern den Weg der Umkehr zu GOTT auf. Er verlangte also von ihnen nicht ihm bedingungslos zu folgen, und er liess ihnen die Freiheit sich selbst zu entscheiden. In der Stunde vor dem Weg an das Kreuz verliessen die Jünger Christus. Menschlich gesehen war die ausgewählte Jüngerschaft für Christus ein Flopp. Unter dem Kreuz stand bei ihm einzig Johannes, den er besonders liebte, seine Mutter Maria und *„die Frauen, die ihm seit der Zeit in Galiläa nachgefolgt waren und die alles mit ansahen“* (Lk 23, *49).*

Nach menschlichem Ermessen hätte Christus mit seinen Jüngern härter umgehen müssen, sie besser überwachen und kontrollieren sollen und von ihnen seiner Person gegenüber mehr Respekt und Unterstützung einfordern können. Aber Christus hat selbst den Judas nicht aus seinem Kreis verbannt. Christus hat keine autoritäre Führungsposition gegenüber seinen Jüngern eingenommen. So gesehen ist es verständlich, dass die Gemeinschaft der Jünger in der dunklen Stunde der Wahrheit zerbrach. Mit dem Tode Jesu am Kreuz hatte sich die Botschaft Christi von der unendlichen Liebe GOTTES scheinbar endgültig als lebensuntauglich erwiesen. Doch da offenbarte sich völlig unerwartet die wirkliche Kraft der Gegenwart GOTTES.

Christus ist auferstanden!

Mit der Auferstehung Christi änderte sich alles. Nach der Auferstehung ist Christus den Jüngern wieder erschienen und er hat ihre Feigheit nicht bestraft. Christus zeigte sich den verängstigten Jüngern, tadelte sie nicht für ihre Angst, sprach ihnen vielmehr Mut zu, und er konnte sie endlich mit seiner Botschaft der GOTTES-und Nächstenliebe als Grundlage für die wahre Lebensgestaltung überzeugen. Die Jünger glaubten nun, dass in der Gegenwart der göttlichen Liebe unter den Menschen eine neue wunderbare Gemeinschaft entstehen werde. Wie die Jünger von Emmaus verstanden die Jünger erst nach der Auferstehung das Wesen der Botschaft Christi und sie spürten die Kraft der göttlichen Liebe in ihren Herzen. Sie waren jetzt voll Freude und Zuversicht.

Unerschrocken verkündeten sie nun die reale Auferstehung Christi den Mitmenschen und nahmen wie Stephanus Verfolgung und Tod auf sich, denn ihnen hatte sich der „Himmel" geöffnet. Christus lebt und seine Botschaft ist wahr. Die Gläubigen gestalteten jetzt ihr Leben nach den Anweisungen Christi, suchten gemeinsam das Reich GOTTES, versammelten sich zum Gebet und formten in Güte und Liebe ihr gemeinsames Leben.

Leben heisst einfach: Sich selbst, die Mitmenschen und GOTT lieben.

Das Reich GOTTES als gute Vision für das Zusammenleben der Menschen

Das Reich GOTTES sei nahe predigte Christus und die Gläubigen sollten dieses Reich der Liebe und der Mitmenschlichkeit in der Zusammenarbeit von GOTT und Mensch jetzt realisieren. Auf dieser Basis muss der Christ sein Leben aufbauen. Nicht die Konventionen, sondern die gelebte echte gütige Mitmenschlichkeit leitet das Leben der Gläubigen. Christus hat das überlieferte Gesetz der 10 Gebote nicht einfach abgelehnt. Er hat vielmehr das steinerne Gesetz mit der Kraft der Liebe für die Menschen wohlwollend ausgelegt. Erst die Liebe macht ein Gesetz gültig und gut. Ohne die mitmenschliche Liebe sind und bleiben die Gesetze dieser Welt tödlich. Das wurde den Jüngern erst nach der Auferstehung richtig bewusst.

Auf den Weg in das Reich GOTTES haben die Jünger nach der Auferstehung Christi sich aufgemacht. Die Anfänge dieser Reise zum Reich GOTTES schildert anschaulich die Apostelgeschichte. In der Apostelgeschichte können die Leser die wesentlichen Merkmale der neuen Zusammenarbeit von GOTT und Mensch klar erkennen.

Nach der Auferstehung Christi stellte sich, wie beim eindrücklichen Einzug Christi in Jerusalem, erneut die messianische Frage. Wird jetzt der *„Jesus, der König der Juden"*, und als der *„auferstandene Christus"*, wie der erwartete Messias politisch sich offenbaren und den militärischen Kampf gegen die Römer aufnehmen? Noch immer war das Denken der Zeitgenossen auf die ungelösten politischen Umstände im Land ausgerichtet. Auch die Jünger erwarteten einen starken nationalen Aufbruch. An die radikale Botschaft Christi das Leben einzig nach dem Willen GOTTES in wohlwollender Liebe zu gestalten, wagten die Jünger noch immer nicht richtig zu glauben. Da versprach der auferstandene Christus den Jüngern, dass sie die Kraft des Heiligen Geistes erfahren werden, und dass der Heilige Geist immer bei ihnen bleibt.

„Als sie nun beisammen waren, fragten sie ihn: Herr, stellst du in dieser Zeit das Reich Israel wieder her? Er sagte zu ihnen: Euch steht es nicht zu, Zeiten und Fristen zu erfahren, die der Vater in seiner Macht festgesetzt hat. Aber ihr werdet die Kraft des Heiligen Geistes empfangen, der auf euch herabkommen wird, und ihr werdet meine Zeugen sein in Jerusalem und in ganz Judäa und Samarien und bis an die Grenzen der Erde" (Apg 1,6-8).

Da ist keine Rede von einem Aufstand und von einem neuen politischen Reich. Vielmehr werden die Jünger mit der Kraft des Heiligen Geistes erfahren, dass GOTT die vollkommene Liebe ist, und dass in diesem Geist alle Menschen das Reich GOTTES verwirklichen können. Dieses Reich GOTTES entsteht in der engen Zusammenarbeit von GOTT und Mensch. In der Apostelgeschichte wird berichtet wie die Gläubigen durch das Wirken des Heiligen Geistes geleitet, in ihrem Leben die GOTTES-und Nächstenliebe persönlich verwirklichten und das Reich GOTTES realisierten.

Die Jünger suchten miteinander die Gemeinschaft und sie trafen sich immer wieder, stärkten sich gegenseitig und gaben einander Mut und Zuversicht im gemeinsamen Gespräch und Gebet. Das gemeinsame Gespräch und das Hören auf den Heiligen Geist sind im Reich GOTTES die grundlegenden Elemente. Persönlich vom Heiligen Geist berührt, will der Gläubige sein Leben in der Gemeinschaft der Menschen nach dem Willen GOTTES ausrichten und realisieren. Die göttliche Berufung wird individuell erfahren und sie ist zugleich eine Berufung für das Wohl der Gemeinschaft Verantwortung zu übernehmen.

„Das Reich GOTTES ist (schon) mitten unter euch" (Lk 17,21).

Die Gläubigen können und wollen in der neuen Lebensgemeinschaft sich gegenseitig stützen und helfen, um das Gute auf dieser Welt zu verwirklichen, und mit allen Menschen das Reich GOTTES errichten, in dem die Güte und das Wohlwollen das Denken und Handeln der Menschen lenkt. Es ist der Wille GOTTES das Gute immer und jederzeit im Leben zu verwirklichen, aber das Gute ist nicht einfach sichtbar und es wird verstandesmässig nur unscharf als Gewissheit im Bewusstsein erfasst. Im gemeinsamen Gebet wird durch den Heiligen Geist das Gute den wachen geistigen Personen geoffenbart. Durch den Heilige Geist kann die Liebe GOTTES allen Menschen vermittelt werden.

Das Beten der Gläubigen hat sich nach der Auferstehung Christi verändert. Entscheidend ist nicht mehr die Bitte des Christen sondern das Warten auf die Worte des Heiligen Geistes. Nicht was Menschen wollen, sondern was GOTT will, soll sich jetzt erfüllen. In allen Entscheiden warteten die Jünger auf den Rat des Heiligen Geistes. Das schildert eindrücklich die Apostelgeschichte.

„Sie alle verharrten dort einmütig im Gebet, zusammen mit den Frauen und mit Maria, der Mutter Jesu, und mit seinen Brüdern“ (Apg 1.14).

Im Gebet offenbart sich der Heilige Geist, und er zeigt den Betern die richtige Wahl. Der Heilige Geist, wählt den Nachfolger für Judas aus.

„Dann beteten sie: Herr, du kennst die Herzen, zeige, wen von diesen beiden du erwählt hast, diesen Dienst und dieses Apostelamt zu übernehmen“ (Apg 1,24).

Der Heilige Geist wurde an Pfingsten allen Gläubigen im Gebet geschenkt.

„Alle wurden mit dem Heiligen Geist erfüllt und begannen in fremden Sprachen zu reden, wie es der Geist ihnen eingab“ (Apg 2,4).

Das bedeutet, dass die Gläubigen fähig werden mit allen Menschen zu sprechen, sie zu verstehen und dass sie die Frohbotschaft der göttlichen Kraft und Liebe der ganzen Welt verkünden können. Die anschliessende Pfingstpredigt des Petrus offenbarte die helfende Kraft des Heiligen Geistes.

„Als sie das hörten, traf es sie mitten ins Herz, und sie sagten zu Petrus und den übrigen Apostel: Was sollen wir tun, Brüder? Petrus antwortete ihnen: Kehrt um, und jeder von euch lasse sich auf den Namen Jesu Christi taufen, dann werdet ihr die Gabe des Heiligen Geistes empfangen“ (Apg 2,37).

Das Leben im Reich GOTTES fordert von den Gläubigen absolute Ehrlichkeit und ein lauteres Herz. Der Betrug des Hananias und der Saphira verursachte ihren raschen Tod (Apg 5,1-11). Das Leben im Reich GOTTES duldet keinen Betrug. Die Gaben des Heiligen Geistes sind nicht käuflich. Das musste auch Simon der Zauberer erfahren (Apg 8,18-24). Wahrheit und Liebe sind immer untrennbar miteinander verbunden. Allein die persönliche lautere Wahrhaftigkeit ermöglicht die Wahrnehmung der Gaben des Heiligen Geistes. Besitz und Geld dürfen daher die heilende Kraft des Heiligen Geistes aus dem Leben, Denken und Fühlen der Gläubigen nie verdrängen.

Indirekt oder direkt ruft der Heilige Geist die Personen in die Gemeinschaft der Gläubigen. Philippus wird gesandt, um den Kämmerer aus Äthiopien zur Taufe zu führen (Apg 8,26-40). Durch den Heiligen Geistes sprach die Stimme Christi den Paulus auf dem Weg nach Damaskus direkt an: *„Saul, Saul, warum verfolgst du mich?“* (Apg 9,4). Das Reich GOTTES ist kein menschliches Werk; es wird vielmehr vom Heiligen Geist geleitet. Das persönliche Vertrauen in den Heiligen Geist entlastet die Gläubigen von jedem Übereifer im Missionieren für das Reich GOTTES, bzw. für die eigene Kirche in der Gesellschaft. Auch die Kirche ist immer zuerst das Werk GOTTES. Nur in der Gemeinschaft mit dem Heiligen Geist entsteht in der Kirche das Reich GOTTES unter den Menschen.

Der Weg zur Bekehrung der Heiden erfolgte durch den Heiligen Geist. Der Geist GOTTES führte Petrus und den Römer Kornelius zusammen.

„Jetzt sind wir alle vor GOTT zugegen, um all das anzuhören, was dir vom Herrn aufgetragen worden ist. Da begann Petrus zu reden und sagte: Wahrhaftig, jetzt begreife ich, dass GOTT nicht auf die Person sieht, sondern dass ihm in jedem Volk willkommen ist, wer ihn fürchtet und tut, was recht ist. Er hat das Wort den Israeliten gesandt, in dem er den Frieden verkündete durch Jesus Christus, dieser ist der Herr aller“ (Apg 10.34-36). *„Noch während Petrus dies sagte, kam der Heilige Geist auf alle herab, die das Wort hörten“* (Apg 10,44). *Und er ordnete an, sie im Namen Jesu Christie zu taufen“* (Ap 10,48).

Anschliessend musste Petrus vor der Gemeinde in Jerusalem für die Taufe des Heiden Kornelius sich rechtfertigen. Die durch den Heiligen Geist begründete Rechtfertigung wurde anschliessend von allen angenommen.

„GOTT hat also auch den Heiden die Umkehr zum Leben geschenkt“ (Apg 11,18).

Auf dem Apostelkonzil wurde die Frage nach der Aufnahme von Heiden in die Gemeinschaft endgültig geklärt. Aus dem Kreis der Pharisäer wollten einige, dass die Heiden auch die Beschneidung und das Gesetz des Moses befolgen müssten. Da sagte Petrus:

„Brüder, wie ihr wisst, hat GOTT schon längst hier bei euch die Entscheidung getroffen, dass die Heiden durch meinen Mund das Wort des Evangeliums hören und zum Glauben gelangen sollen. Und GOTT, der die Herzen kennt, bestätigte dies, indem er ihnen ebenso wie uns den Heiligen Geist gab“ (Apg 15,7.8).

Mit der Weglassung der Beschneidung und des Gesetztes trennte sich die junge christliche Gemeinde von der jüdischen Tradition. Der Entscheid des Apostelkonzils für die Verwirklichung des Reiches GOTTES unter allen Menschen zu arbeiten wurde zur neuen Grundlage im religiösen Verständnis der Gläubigen. Christ wird jede Person, die bereit ist, bewusst und entschlossen der Lebensweise Christi nachzufolgen. Nicht das Gesetz, sondern die aufrichtige und wahre Liebe führt die geistige Person zur Wahrnehmung des Heiligen Geistes. Mit dem Heiligen Geist vereint sollen alle Menschen gemeinsam das Reich GOTTES verwirklichen. Die Lebensweise Christi fordert von den Menschen, dass sie an GOTT glauben, der die wahre Liebe ist (und schenkt). Somit ist die gelebte Mitmenschlichkeit wichtiger als jede fromme Tradition oder nationale Ideologie. Die Liebe GOTTES gilt für alle Menschen, und alle Getauften können die Gaben des Heiligen Geistes empfangen. Das berichtet die Apostelgeschichte sehr klar.

Die Apostelgeschichte zeigt das Wesen der Kirche auf, die in der spirituellen Form des Reiches GOTTES verwirklicht werden muss. Die Gegenwart Christi mit der Kraft des Heiligen Geistes wird allen Gläubigen in der Nachfolge Christi verheissen. Auf dieser wunderbaren Verheissung ist die Kirche aufgebaut.

Das Christentum muss den Weg des Menschen zu GOTT öffnen und als Kirche die Herzen der Gläubigen berühren. Wenn aber eine Religionsgemeinschaft sich nur noch an der überlieferten Tradition orientiert, verliert sie das Ziel aus den Augen und geht zugrunde. GOTT nur noch in der Tradition zu suchen ist ein Weg, der in eine Sackgasse führt, denn mit der Zeit verwandelt die Tradition den Glauben in einen Zwang. In einer unveränderlichen Tradition wird Gott zum strafenden Aufpasser und Rächer der Abweichungen. Der von Christus verheissene GOTT der Liebe aber ist kein Richter und Rächer. ER will vielmehr jede Person aufrichten und glücklich machen.

Selig, die ein reines Herz haben; denn sie werden GOTT schauen (Mt 5,8).

Das Reich GOTTES ist die Grundstruktur der Kirche

Die Kirche verwirklicht sich nur in der engen Zusammenarbeit zwischen dem Heiligen Geist und dem menschlichen Verstand.

Als ein profaner Verein zur materiellen Verbesserung der menschlichen Lebensumstände kann die Kirche mit ihrer langen Tradition sich nicht definieren und präsentieren. Vielmehr muss die Kirche selbst sich immer als Werk des Heiligen Geistes verstehen, d. h. als eine Gemeinschaft, die der Welt Güte und wahre Mitmenschlichkeit mit der Kraft des Heiligen Geistes schenkt. Die eigene, echte und wahre Menschlichkeit im Angesicht der Liebe GOTTES zu finden, ist das grosse Ziel des Christen. Was die Gläubigen, denken, entscheiden, tun und lassen, soll stets mit dem Willen GOTTES übereinstimmen. Im Vertrauen auf die aktive helfende Kraft des Heiligen Geistes kann jeder Mensch in der Kirche diese wohlwollende Offenheit im Herzen finden, und in seinem konkreten Leben auch die echte mitmenschliche Selbst- und Nächstenliebe verwirklichen.

Weil GOTT die Menschen liebt, können alle Personen bewusst ihre eigene Lebensweise frei wählen. Das stellt hohe Anforderungen an die Menschen, denn im kommenden Reich GOTTES kann und soll der „Himmel“ auf der Erde jederzeit sichtbar werden. Das ist der wahre Auftrag der Kirche. Daher ist die Kirche in ihren spirituellen und materiellen Tätigkeiten stets auf die aktive Hilfe des Heiligen Geistes angewiesen. Ohne den Heiligen Geist gibt es keine Kirche und auch kein menschenfreundliches Leben auf dieser Welt. Eine Welt ohne den Glauben an die göttliche Liebe verfällt immer wieder der menschlichen Macht und Bosheit.

Das Reich GOTTES ist eine geistige Vorstellung, die auf glaubwürdigen und vernünftigen Voraussetzungen ruht. Es ist ein Zukunftsprojekt, das Verstand und Einsicht verlangt, und eine gute Lebensperspektive aufzeigt. Das Projekt wird von der Hoffnung angetrieben, dass die Menschen bereit sind einander zu achten und ertragen. Im Glauben an die spirituelle Kraft des Heiligen Geistes werden im menschlichen Bewusstsein das echte Wohlwollen und die grosse Güte aufgebrochen, die für das Zusammenleben in jeder Gemeinschaft notwendig sind. Mit dem Heiligen Geist wird das persönliche Lebensgefühl offen und hilfsbereit, freundlich und dankbar. Um das alles zu verwirklichen steht die Kirche da. Das lehrte Christus mit seiner Botschaft.

Es gibt so wenig Freude in der Welt. Ein Engel „musste“ kommen, um uns zu beschwören, in der Freude zu leben. (Ladislaus Boros)

Mit Hoffnung und Zuversicht gegen Macht und Bosheit

Mit Verstand und Logik kann jeder Mensch leicht ein glückliches Paradies auf Erden sich vorstellen. Doch diese ideale Vorstellung bleibt ein Wunschdenken. Die reale Welt entspricht nicht diesem Ideal, weil die menschliche Freiheit stets das Böse im Denken und im Handeln auch ermöglicht und verwirklicht. Trotz der grossen Intelligenz kann die Menschheit von Bosheit, Hass und Brutalität sich nicht wirklich befreien. Der Blick auf das konkrete Verhalten der Menschen bietet keine hoffnungsvolle Aussicht, dass künftig die Menschheit friedfertig würde, denn die Grausamkeit ist in jeder Generation ein ständiger Begleiter der menschlichen Gesellschaft. Nach jedem Krieg wird von den Überlebenden ein: *„Nie wieder Krieg“* beschworen, und gleichzeitig werden bereits die nächsten Kriege vorbereitet. Das Böse ist leider in allen Köpfen aller Menschen allgegenwärtig.

Die Intelligenz ist nur ein Hilfsmittel, um die Welt zu erkennen und der Verstand allein ist nicht fähig das Böse zu verhindern. Der Wille entscheidet über die Wahl des Guten oder des Bösen. Die eigenen Gefühle erhellen oder verdunkeln die exakte Wahrnehmung der Wirklichkeit und die zerstörenden Kräfte des Bösen sind im Bewusstsein oft viel stärker als die logische Intelligenz und die klare Vernunft. Wenn es zudem um den eigenen Vorteil geht, ist die nützliche Intelligenz schnell bereit, die objektive Wahrheit zu verdrehen, und die Lüge als Wahrheit zu erklären. Die menschliche Erkenntnis der Welt und das erworbene Wissen sind grundsätzlich oberflächlich und objektiv auch nicht einfach gut.

Angeblich zum Wohl der Menschheit wird weiterhin mit dem „richtigen“ Wissen das ganze Verhalten der Gesellschaft von den machtbesessenen lautstarken

„Besserwisser“ gelenkt, die angeblich die gegenwärtig schlechte Welt aus der Misere retten wollen. Sie fordern immer radikale Aktivitäten und wollen, dass jetzt sofort Gleichheit, Gerechtigkeit, Wohlstand, Frieden, Klimaschutz, etc. durchgesetzt werden! Das Geschehen auf der Welt ist zu komplex, und das Einverständnis aller Menschen für die gleiche Weltsicht wird es nie gegeben. Daher müssen sie ihre Forderungen mit Macht und Zwang durchsetzen.

Die radikalen Forderungen nach der „Weltverbesserung“ erreichen ihre Ziele nie. Die hohen Forderungen für eine gerechtere und klassenlose Gesellschaft hat der mächtige Kommunismus auch nicht erreicht. Die idealen Prinzipien oder die ideologischen Behauptungen erfassen die Wirklichkeit nie umfassend und richtig. Prinzipien sind bloss geistige Theorien und das menschliche Wissen ist immer nur ein begrenzter Auszug aus der Realität. Die ausgedachten Ideale decken sich nie mit der Wirklichkeit. Die Wirklichkeit ist vielmehr ein komplexes, undurchschaubares und geheimnisvolles Geflecht von engen Beziehungen.

Der unscheinbare Flügelschlag eines wunderschönen Schmetterlings könnte das Geschehen auf dieser Welt grundlegend verändern.

Viele Ideale im menschlichen Denken sind unglaubwürdige, eingebildete und theoretische Forderungen, die von den Lebensläufen der handelnden Personen ständig widerlegt werden. Fühlen, Wissen, Glauben und Wollen zusammen bestimmen das wirkliche Denken und Handeln der Menschen. Der Mensch kann mit seinem Willen in konkreten Fällen klar zwischen Gut und Bös wählen. Das Gute kann in der menschlichen Gesellschaft mit den abstrakten Theorien nicht gemacht werden. Das Gute ist konkret, und es wird bewusst nur in den helfenden und aufrichtigen Beziehungen zur Welt gefunden und realisiert. Ebenso wird das Böse mit den gewollten schädlichen Handlungen gemacht.

Im Denken der Menschen ist die Möglichkeit das Böse zu tun immer da, und immer wieder wird aus Bosheit gehandelt. Es sind die vielen negativen Gefühle und der nackte Egoismus, die den Verstand zum Bösen lenken. Die Intelligenz bietet sich für alle guten oder schlechten Möglichkeiten als eine willige Helferin an. Das Wissen allein ist zunächst neutral. Das gilt auch für jede Aufklärung.

Der intelligente Mensch kann mit seinem neuen „richtigen“ Wissen in der Form der Aufklärung mühelos ein Mittel der Gewalt machen. Das zeigt rückblickend die französische Aufklärung 1789-94, die zuletzt im Terror der Revolution endete. Die Freiheit wurde bewusst und verlogen in ein neues „Gut“ gezwängt. Die Revolutionäre glaubten weiterhin an ihre logische Ideologie: *Freiheit, Gleichheit und Brüderlichkeit* als sie in ihrer Herrschaft den Terror einführten und alle Menschen töteten, die sie als mögliche Gegner ihrer aufgeklärten Denkweise ansahen. Nach dem gleichen Prinzip der „Befreiung“ wütete und wütet der Kommunismus, um die klassenlose Gesellschaft zu erzwingen. Die eifrigen Kommunisten wollen eine radikale, und gottlose gleichgeschaltete Gesellschaft gewaltsam durchsetzen. Die Nationalisten klären die Bürger über die bösen Fremden auf, die alle auszuweisen sind. Zu viele Menschen glauben an eine Ideologie der Gewalt, und sie haben kein Vertrauen in das Wohlwollen.

Das Christentum hat mit den rationalen Prinzipien der gewalttätigen Aufklärung wenig zu tun, denn die Botschaft vom Reich GOTTES richtet sich konkret an den Willen der individuellen Person, dass der Mensch überall gute Beziehungen zu allen Lebewesen anstreben soll. Die reale, gefühlte und wohlwollende gute Wahrnehmung der göttlichen Wirklichkeit drängt den Gläubigen in allen Bezügen zur Wirklichkeit zum Wahren, zum Schönen und zum Guten hin.

Der Christ lebt nicht in der berechnenden Welt der Ansprüche, und er folgt nicht dem Prinzip der gewalttätigen Macht, um die eigenen Ziele durchzusetzen. Der Christ nimmt sich zurück und sucht das wahre Glück in den guten Beziehungen zu sich, zu den Mitmenschen und zur Umwelt in der er leben darf. Christen können die Welt nicht retten, aber sie sind fähig, die konkrete Umwelt liebevoll, mitmenschlich und wohlwollend zu gestalten. Das ist die Frohbotschaft Christi für eine gute und vernünftige Lebensweise. In dieser Lebensform wird das verheissene Reich GOTTES sichtbar und wahr.

Das Leben in der Gegenwart Christi

„Seid gewiss: Ich bin bei euch alle Tage bis zum Ende der Welt“ (Mt 28,20).

Die Jünger Christi haben den auferstandenen Christus als ein unglaubliches Geschenk der unfassbaren göttlichen Liebe erfahren. Die konkrete neue Begegnung mit dem Christus veränderte ihr Denken und Fühlen positiv. Sie konnten nach der realen Begegnung mit dem Auferstandenen ohne Mühe glauben, dass nicht böse Mächte und finstere Gewalten das Leben endgültig lenken und vernichten, sondern dass die Liebe GOTTES alles Geschehen in der Wirklichkeit leitet, und dass der Heilige Geist das eigene persönliche Dasein zum Guten führen wird, denn die Christen glauben der Botschaft Christi:

Die Liebe GOTTES belebt, die Lieblosigkeit der Menschen tötet.

GOTTES Güte und Liebe belebt die Welt. Mit der Gewissheit der erfahrenen Existenz der Liebe GOTTES, waren die Jünger nach der Auferstehung Christi überzeugt, dass auch ihr eigenes Leben gut und glücklich enden werde. Es wurde ihnen bewusst, dass GOTTES Geist der Liebe in der Welt überall und jederzeit gegenwärtig ist, und dass jeder Mensch eine wahre und aufrichtige Beziehung zu GOTT in der Liebe finden könne.

Das von Christus verheissene Reich GOTTES ist ein göttliches Geschenk und wer mit Christus in dieses Reich eintritt, der versteht sich selbst auch als ein göttliches Geschenk. Er kann mit Gewissheit auf die Kraft des Heiligen Geistes vertrauen, an das Gute, das noch kommen wird, glauben, und sich am Dasein auf dieser Welt freuen. Das Leben ist für Christen kein ständiger Kampf um die Selbstverwirklichung, kein Zwang nach mehr Besitz, kein Streit um höhere Ansprüche, kein Muss zur Selbstverherrlichung; das Leben ist vielmehr ein beglückendes göttliches Geschenk, denn nicht ich muss mich beglücken, sondern GOTT vollendet mein Leben im Glück der ewigen Liebe.

Diese gefühlte existenzielle beglückende Lebenserfahrung strahlen heute die Kirchgänger zu wenig aus, denn ihr Denken und Handeln kreist nur noch um die richtige Lehre, die wie ein materieller Wert von den Gläubigen behandelt wird. Die Botschaft Christi wird rational dem eigenen Denkmodell und den Bedürfnissen der Welt angepasst aber nicht mehr als Frohbotschaft der Liebe gefühlt und wahrgenommen. Dem rechtlichen Verständnis der Kirche und dem traditionalistischen Glauben vieler Christen widerspricht allerdings die Botschaft Christi vollkommen. Die Kirche muss sich wieder auf das Wesentliche ausrichten, denn sie stellt heute nicht mehr angemessen das Reich GOTTES dar, in dem die lebendige und intensive Beziehung zu Christus, zu GOTT und zu den Menschen sichtbar darstellt werden muss. Die Menschen sehen in der Kirche GOTT nicht mehr.

Die Vollendung der individuellen geistigen Person ist also weder im materiellen Besitz noch in der Selbstverherrlichung, sondern allein in der Liebe GOTTES zu finden. Daher kann der Christ als Beschenkter auch leicht ständig Anteile von sich und seinem Besitz verschenken. Das Wesentliche im irdischen Leben wird in Wahrheit der denkenden Person als Lebensfreude geschenkt, und mit dem bewussten Eintritt in die göttliche Wirklichkeit, bzw. in das Reich GOTTES, findet der Mensch sein wahres Glück im Bewusstsein ein geliebtes Wesen zu sein, das wiederum die Mitmenschen selbstlos lieben kann. Diese elementare Selbstwahrnehmung, das eigene Dasein als ein göttliches Geschenk zu sehen, wird heute in der kirchlichen Gemeinschaft zu wenig ausgestrahlt.

Christliches Leben ist Wohlwollen schenken.

Ohne diese persönliche spirituelle Erfahrung der liebenden Gegenwart GOTTES im eigenen Bewusstsein bleibt für den Kirchgänger der Zugang in das Reich GOTTES verschlossen. Viele Christen gehören äusserlich der Kirche an, aber sie sind innerlich noch nicht in das Reich GOTTES eingetreten, denn sie arbeiten in der Kirche ohne auf den Heiligen Geist zu achten und sie wollen ihre eigenen Vorstellungen und Ideale durchsetzen. Die aktuellen kirchlichen Reden haben den wahren spirituellen Blick auf das Reich GOTTES zu wenig gefördert.

Die Gläubigen strahlen zu wenig die Liebe GOTTES aus.

Die Kirche und der Heilige Geist

Ursprünglich stand der Heilige Geist im Zentrum der Gemeinschaft der ersten Christen. Das ist heute nicht mehr der Fall. Im Lauf der Geschichte hat sich die immer grösser werdende Kirche von der grundlegenden Struktur des Reichs GOTTES entfernt, und die Gläubigen haben den spontanen Zugang zur göttlichen Wirklichkeit verloren. Das moderne Kirchenverständnis hat sich auf ideologische, dogmatische und profane Vorstellungen reduziert. Anstelle des Heiligen Geistes steht gegenwärtig die traditionelle Lehre der Kirche im Zentrum. Zudem wurde die christliche Lehre in starre Vorschriften verwandelt. Weil der einigenden Kraft des Heiligen Geistes nicht mehr vertraut wird, setzen viele Kirchenbesucher die traditionelle Lehre hemmungslos als Machtmittel ein, um die kirchliche Einheit äusserlich zu festigen.

Auf diesem Weg entfremdet sich die Kirche grundsätzlich vom Reich GOTTES, und gibt die Zusammenarbeit mit dem Heiligen Geist auf. Die Kirche wird jetzt gerne als eine gesellschaftliche Institution verstanden, die eine straffe Leitung braucht, keine Abweichungen duldet, und sich in der Welt durchsetzen muss. Auf die Stimme des Heiligen Geistes wird nicht mehr gehört, weil nach diesem neuen Konzept der Heilige Geist machen muss, was die Tradition lehrt.

Vom kirchenrechtlichen Standpunkt aus wird die Pfarrei nur noch als ein von der Hierarchie geleitetes Unternehmen verstanden. Wer in der Kirche eine neue Interpretation des Glaubens vorstellt, der gerät sofort in einen Konflikt mit der hierarchischen Kirchenleitung, die sich auf ihre legitime und in der Tradition verankerte Autorität beruft. Die Binde- und Lösegewalt wurde Petrus, bzw. den Aposteln übertragen und allein ihre legitimen Nachfolger besitzen die rechtliche Vollmacht, um die Gläubigen richtig zu leiten. Daher hat nur die Hierarchie das Recht mögliche Reformen und echte Änderungen der überlieferten Tradition durchzusetzen. In diesem gegenwärtigen kirchlichen Führungsmodell wird das Wirken des Heiligen Geistes stillschweigend übergangen.

Diese enge Deutung der hierarchischen Vollmacht zur Leitung der Kirche wird mit der Schlüsselgewalt, die Christus dem Petrus gewährte, begründet. Im Reich GOTTES aber ist nicht das Recht, sondern allein die Liebe die alles bestimmende Grösse. Erst nachdem Petrus dreimal seine Liebe zu Christus bezeugt, spricht Christus das entscheidende Wort:

„Weide meine Lämmer“ (Joh 21,17).

Der Heilige Geist offenbart sich nicht im Recht, sondern im Wohlwollen, das in Wahrheit die Menschen verbindet und sie zu den guten Taten drängt.

Heute wird von den Bischöfen übersehen, dass im Reich GOTTES der Heilige Geist die Zeichen der wohlwollenden göttlichen Gegenwart auch allen Gläubigen persönlich und individuell offenbart, denn die Christen bilden untereinander gemeinsam nur mit dem Heiligen Geist vereint, eine echte spirituelle Gemeinschaft. Daher kann und muss die Kirche gemäss den Weisungen des Heiligen Geistes sich auch anpassen, wenn die Zeiten und Lebensumstände sich verändern. Die notwendigen Veränderungen müssen mit der Kraft des Heiligen Geistes mit Achtung und mit Respekt gegenüber den Gläubigen erfolgen, und nicht mit Vorschriften und Gesetzen durchgesetzt werden. Jede Reform in der Kirche muss dank dem Heilige Geist mit den Kräften der GOTTES- und der Nächstenliebe verwirklicht werden.

Ohne die ständige vertrauensvolle Anrufung des Heiligen Geistes durch alle Gläubigen wird aus der kirchlichen Gemeinschaft ein profaner und weltlicher Verein. Die leitende Aufgabe der Kirche ist grundsätzlich die Versöhnung aller Gegensätze, Wohlwollen zu gewähren und Liebe zu verschenken aber nicht einfach den Ausschluss von Gläubigen mit nichtkonformen Ansichten zu erzwingen. In der aktuellen aufgewühlten Zeit ist es sehr schwierig eine geistige offene und hilfsbereite Haltung einzunehmen, weil eine vorherrschende „Schwarz-Weiss-Sicht", die nur Befehle und Gehorsam kennt, den Blick auf die komplexe menschliche Wirklichkeit auch in Glaubensfragen völlig trübt.

Seit dem Konzil hat leider die Kirchenleitung in der Durchsetzung von Ordnung und Disziplin ihre Hauptaufgabe wieder gefunden, und das Wohlwollen gegenüber den Gläubigen wurde erneut auf Gehorsam gegenüber Amt und Lehre reduziert. Diese verengte Sichtweise hat eine lange Tradition. Sie reicht in die Zeit der Reformation zurück als die universale und spirituelle Welt der Christenheit zerbrach und die Kirche zu einem nützlichen Instrument der Politik der Fürsten über ihre Ländereien wurde.

Das Ärgernis der Reformation

Das grundlegende Ärgernis der Reformation waren nicht die neuen Ideen der Reformatoren, sondern der Umgang mit diesen Ansichten. Die längst fällige Reform der Kirche bezüglich der Ämter, der Prunksucht und der Ablasslehre wurde von der Kirchenleitung verschoben bis es zu spät war. Als die Probleme auf den Reichstag aufgegriffen wurden, veränderte sich Sachlage, denn die Kirche war nicht mehr eine Quelle der Spiritualität, sondern ein kranker Patient mit einem grossen materiellen Reichtum. Die ungelösten theologischen Fragen verwandelten sich zu gesellschaftlichen Problemen, die jetzt von der Politik geregelt wurden. Eine radikale und unversöhnliche Sicht bestimmte damals die konkreten Auseinandersetzungen in Glaubensfragen, denn es ging um sehr handfeste materielle Werte, die es zu erwerben bzw. zu verteidigen gab. Noch war die Kirche wohlhabend und reich. Nach der Reformation verdrängten die nützlichen Werte der Kirche die spirituellen Schätze der Botschaft Christi.

Die Zeitgenossen haben diese radikale Verschiebung der Glaubenslehre von der spirituellen Ebene in die Welt der politischen Streitereien kaum richtig wahrgenommen. Das eigene „Rechthaben“ ersetzte die Anrufung des Heiligen Geistes. Die klare Abgrenzung wurde wichtiger als das mögliche gegenseitige Verständnis, und der Bann, bzw. der Ausschluss war nun das wichtigste Mittel in der politischen Auseinandersetzung. Die Religion wurde zu einem politischen Spielball in den Händen der mächtigen Fürsten. Wer nicht die gleiche Deutung des „Glaubens“ teilte, wie es der Fürst verlangte, wurde politisch ausgegrenzt und gnadenlos ausgeschlossen, vertrieben, ja sogar getötet. Macht und Gewalt deformierten jetzt in der Reformation den christlichen Glauben. Die „Kirchen“ wurden als Besitz in die Politik der Landesfürsten integriert. Von der Macht der fürstlichen Herrschaft konnten sich die getrennten christlichen Gemeinschaften nicht mehr lösen. Die Kirchenleiter begrüssten die politische Unterstützung und die Gläubigen fügten sich dem herrschaftlichen Zwang oder sie mussten das Land verlassen. Ein neues politisches Verständnis der Kirche brach an.

Luther rechtfertigte seine Kritik an der Kirche mit seinem Gewissen. Er war persönlich überzeugt, dass er seine Argumente vor GOTT ehrlich geprüft habe. Sein trotziges Wort auf dem Reichstag 1521.

„Widerrufen kann und will ich nichts, weil es weder sicher noch geraten ist, etwas gegen sein Gewissen zu tun. Gott helfe mir. Amen“.

Seine Berufung auf die Freiheit des Gewissens war zwiespältig, weil er sich in der neuen Sichtweise auf das sichere Wort aus der Schrift als oberste Instanz beruft und die spirituelle Leitung des Gewissens praktisch durch das Wort aus der Heilige Schrift ersetzt. Hörer der „Gewissensentscheide“ müssen jetzt der Aussage der Person, die sich auf das Bibelwort beruft, bedingungslos glauben. Das vom individuellen Gewissen ausgelegte Wort aus der Bibel kann aber nicht objektiv nachgeprüft werden, wie ein materieller Gegenstand. Trotzdem wurde für das richtige Glaubensverständnis das Wort aus der Schrift als die absolute Richtschnur interpretiert. Die persönliche Beziehung zu Christus wird auf diese Weise dem ausgelegten Schrifttext unterworfen. Ungewollt steht jetzt der Mensch mit seinem rational gedeuteten Schriftwort über dem Heiligen Geist.

Im politischen Gerangel wird normalerweise zu schnell die spirituelle Dimension des Gewissens, das sich auf den Heiligen Geist berufen muss, vergessen. So ist es nicht verwunderlich, dass sich das individuelle Gewissen von der Liebe GOTTES trennt, und zu einem nützlichen Hilfsmittel in der Rechtfertigung des eigenen Verhaltens benutzt wird. Der Gewissensentscheid wird logisch auf eine praktische Rechtfertigung für das eigene, nützliche und persönliche Verhalten herabgestuft. Auf diese Weise werden die theologischen Debatten zu sozialen Konflikten, die mit jetzt Gewalt gelöst werden und alle religiösen Diskussionen führen unwillkürlich zu politischen Streitereien, in denen zur Rechtfertigung die Bibel als weltliches bzw. nützliches Hilfsmittel missbraucht wird.

Wer das Schriftwort klug auslegt, bestimmt auch die Religion!

Die Fürsten benutzten die Stunde der Reformation, um an den kirchlichen Besitz zu kommen. Der Papst konnte kein allgemeines Reformkonzil mehr einberufen, denn die protestierenden Fürsten verweigerten die Teilnahme. Sie wollten ihre neue Herrschaft über „ihre Kirche“ nicht mehr abgeben.

Im Konzil von Trient wurde mit dem Heiligen Geist nach dem wahren Glauben gesucht. Doch die spirituelle Verständigung mit den Protestanten im Geist der Liebe wurde völlig vernachlässigt. Abgrenzung und Ausschluss bestimmten zu schnell das neue Selbstverständnis der kirchenpolitischen Gemeinschaften. Die Gespräche wurden abgebrochen und an den eigenen Ansichten hielt man als absolute und verbindliche Lehren fest. Diese tiefgreifende Verhärtung im richtigen Glauben ist bis heute das wahre Ärgernis der Kirchenspaltung.

Das richtige Kirchenverständnis wird fortan von der Politik bestimmt. Das neue Herrschaftsprinzip wurde später vom Sonnenkönig Ludwig XIV klar formuliert:

Ein König, (m)ein Land, (m)eine Religion!

Der König allein ernannte fortan in Frankreich alle Bischöfe. Es entstand der politische Konfessionalismus und er ersetzte den überlieferten Glauben an das universale Reich GOTTES. Die Kirche wurde zur Landeskirche erhoben und zu einer staatserhaltenden politischen Kraft umgeformt.

Der Konfessionalismus

Nach der Reformation wurde die Abgrenzung zum wichtigsten Merkmal jeder neuen kirchlichen Gemeinschaft. Die spirituelle Einheit des universalen Reich GOTTES zerfiel. Mit dieser neuen rationalen Einstellung findet der Verstand immer wieder Differenzen, und man ist in ökumenischen Fragen nicht mehr zu Kompromissen bereit. Diese abweisende Haltung hat auch die katholische Kirche übernommen. So meint die katholische Kirche, dass protestantische Gemeinden nicht als Kirchen zu bezeichnen seien, weil es nur eine einzige wahre Kirche Christi geben kann. Die wahre Kirche Christi aber sei allein die katholische Gemeinschaft. Die Konfession wurde jetzt ständig auf die eigenen Ansichten konzentriert, und die Ökumene stagnierte. Das ist ein Skandal, der das verheissene Reich GOTTES als allgemeine Grundlage der Kirche zerstört.

Trotz der grundsätzlich gleichen Lehre bleiben die christkatholische Kirche und Rom getrennt. Hans Küng konnte feststellen, dass die Rechtfertigungslehre Luthers doch mit der katholischen Lehre übereinstimmt, und damit auch die Hauptbegründung für die bestehende Trennung wegfällt. Als der Papst das geistliche Oberhaupt der Anglikanischen Kirche, den Erzbischof von Canterbury besuchte, konnte beide, der Erzbischof und der Papst lediglich ein kurzes Vaterunser gemeinsam beten. Lange vorher hatte eine gemischte Kommission von Theologen festgestellt, dass es in Wahrheit keinen schwerwiegenden Unterschied in Bezug auf die Lehre zwischen den beiden Gemeinschaften gibt. Diese Tatsache wird einfach schweigend nicht zur Kenntnis genommen. Leider gibt es immer rationale Gründe, um eine Trennung zu rechtfertigen, wenn man die Einheit nicht will. Aus päpstlicher Sicht verhindert die Frauenordination in der Anglikanischen Kirche zusätzlich die gegenseitige Anerkennung als eine gemeinsame Kirche.

Eine kirchliche Einheit wird aus Angst vor der Selbstauflösung der Konfession abgelehnt. Unter Pius XII hat sich die Katholische Kirche als eine vollkommene Gesellschaft (societas perfecta) verstanden, und sie kann seither die Einheit der Christenheit nur als Unterwerfung der Protestanten unter den Papst sich vorstellen. Das ist ein rechtliches und politisches Kirchenverständnis, das die Liebe als Grundprinzip der Kirche weglässt.

In der modernen zerrissenen Welt ist die spirituelle Einheit alle Christen im universalen Reiche GOTTES eine absolute Notwendigkeit. Die vielen Kirchen bleiben ohne das gemeinsame Vertrauen auf den Heiligen Geist zerrissen und unglaubwürdig. Solange Disziplin und Ordnung in der Konfession wichtiger sind als Verständnis und Wohlwollen für die ganze Christenheit bleibt alles wie es war: Ein Skandal.

Aufbruch und Abbruch – Der richtige Glaube

Mit dem Konzil wollte Johannes XXIII die katholische Kirche im Geiste Christi erneuern. In der Zeit des Zweiten Vatikanischen Konzils konnten auch die Gläubigen in den offenen und kontroversen Diskussionen das Wirken des Heiligen Geistes sehen, hören und auch erleben. In den Schlussdokumenten ist der Aufbruch zur geistigen Reform der Kirche sehr gut zusammengefasst. Doch nach dem Konzil wurde der alte Ruf nach der richtigen Lehre wieder lauter und aus dem Verhalten vieler Gläubigen verschwand der lebendige Geist der Liebe, weil die Kurie nur in der strikten Einhaltung des Kirchenrechts die kirchliche

Einheit sehen wollte. Die Kurie in Rom hat diese Ansicht der traditionellen Herrschaft der richtigen Lehre nie aufgegeben.

Im Laufe der folgenden Jahre wurde jedes ernsthafte Gespräch mit den kritischen Gläubigen und jede echte Verständigung in der Kirche von der Kurie und den Päpsten blockiert. Mit dem hierarchischen Denken ist das existenzielle Vertrauen in die einigende Kraft des Heilige Geistes wieder auf ein richtiges rechtliches Wissen über die bisherige überlieferte Glaubenslehre geschrumpft. Von der Kirchenleitung wurde das Konzil rückwärts interpretiert und von der „heiligen" Tradition verschluckt. Kleine Äusserlichkeiten wurden reformiert. Im alltäglichen Leben der Kirche wurde das Wesentliche, der Geist der kirchlichen Spiritualität, das Wohlwollen und die echte Verständigung nicht mehr gesucht. Einzig der Gehorsam des Gläubigen gegenüber Amt und Lehre blieb weiterhin die absolute und verbindliche Forderung der Kirchenleitung.

Ein Blick in die gegenwärtigen kirchlichen Diskussionen zeigt das Bild einer verweltlichten Institution. Die Einen verlangen zeitgemässe Reformen und die Andern beharren auf angeblich zeitlosen Überlieferungen. Eine Verständigung ist nicht vorgesehen, da die beiden Parteien sich selbst im Recht sehen. Es fehlt die geistige Offenheit und das natürliche Vertrauen auf das Wirken des Heiligen Geistes, da jede Partei überzeugt ist, sie allein wisse in Wahrheit, worin der richtige Glaube bestehe.

Die Menschen können in der „richtigen" aber lieblosen Gemeinschaft und in der selbstherrlichen Kirche einander nicht mehr vertrauen. Man folgt der eigenen Selbsterleuchtung, hört nicht mehr auf Christus und vertraut nicht mehr auf den Heilige Geist, der allein den Menschen echte und wahre Erleuchtung schenkt.

Es geht in der Nachfolge Christi im Wesentlichen nicht nur um die „richtige" Lehre, sondern vor allem um Liebe, die man schenken aber nicht befehlen kann. Nur mit der Kraft der Liebe können die Menschen die grossen Gegensätze und Konflikte im Leben ertragen und lösen. Die Lieblosigkeit dagegen zerstört in jeder Gemeinschaft die grundlegende gegenseitige mitmenschliche Verständigung.

Den Gläubigen fehlt das Vertrauen auf den Heiligen Geist.

Konfessionelles Kalkül oder echte Nächstenliebe

Im Bewusstsein vieler Gläubigen hat das eigene „Besserwissen" das offene wohlwollende Vertrauen auf den Heiligen Geist verdrängt. Diese Haltung hat ebenfalls eine lange Tradition. Bis vor wenigen Jahren war in jeder kirchlichen

Gemeinschaft die eigene konfessionelle und sichere Lehre ein absolutes Gut, das nicht angetastet werden durfte. Man pflegte seit der Reformation in den Kirchen eine radikale geistige Abspaltung von andern Gemeinschaften, sah immer mehr Differenzen und verbot alle Formen der Annäherung. Die eigene konfessionelle Zugehörigkeit war und ist wichtiger als das persönliche Gewissen. Wer als Protestant an die reale Gegenwart Christi glaubt, darf die Kommunion nicht von einem katholischen Priester empfangen, weil er als Protestant der falschen Konfession angehört. Dank solcher engstirnigen und kleingeistigen Vorschriften bleiben die alten Kirchenspaltungen weiterhin lebendig und bestehen.

Es gibt aber auch echte Gegensätze in der Verkündigung der Botschaft Christi, die von allen Christen abzulehnen sind. Wer jetzt den grundlosen Angriffskrieg Russlands auf die Ukraine rechtfertigt, widerspricht radikal den Worten Christi:

Liebt eure Feinde, tut denen Gutes, die euch hassen" (LK 6,27).

Wer Christus nachfolgt, kann diesen imperialistischen Angriffskrieg nie theologisch rechtfertigen. Die Ukrainer haben die Russen nicht bedroht, und sie sind auch nicht vom Glauben abgefallen, dekadent und lasterhaft geworden, wie der orthodoxe Patriarch von Moskau behauptet. In diesem Fall werden die politischen Lügen Putins angenommen und die Wahrheit mit Füssen getreten. Da regiert in dieser Konfession ein Oberhaupt, das politisch berechnet, die christliche Nächstenliebe missachtet und ohne den Heiligen Geist die kirchliche Gemeinschaft lenkt und leitet. Jeder unehrliche und „besserwissende" Kirchenführer verlässt die Nachfolge Christi, und er kann die im Glauben suchenden Mitmenschen auch nicht mehr verstehen. Er ist in seiner eigenen Konfession eingeschlossen, denkt rational an sich und seinen Vorteil, denn er hat die von Christus geforderte Umkehr zu GOTT aufgegeben.

Auf die realen Machtverhältnisse allein stützt sich das konfessionelle Kalkül und es widerspricht dem Heiligen Geist, der Wohlwollen und Zuneigung ermöglicht. Seit der Reformation bestimmt die konfessionelle Politik das religiöse Leben. Die Politik vereinnahmte damals die kirchliche Gemeinschaft, und unterstellte sie der staatlichen Gewalt. Wer zu Beginn der Reformation den Glauben des Fürsten nicht teilte, musste öffentlich seinen Irrglauben abschwören oder das Land verlassen. Auch innerhalb der eigenen Glaubensgemeinschaft wurden keine Abweichungen mehr geduldet. Der politische Druck war übermächtig und der gesellschaftliche Widerstand blieb schwach. Der Fürst war jetzt der wahre konfessionelle Herrscher, der behauptete von Gott erwählt zu sein, die Nächstenliebe mit der Nützlichkeit vertauschte und in Wirklichkeit nur sich selbst verherrlichte. Was die Untertanen zu glauben hätten, bestimmten jetzt ausschliesslich die Fürsten und nicht mehr der Heilige Geist. Die Geistlichen wurden zu Beamten. Der von Gott erwählte Fürst war jetzt der Kirchenbesitzer.

Die politischen Behörden überwachen seit der Reformation den Glauben und den Aberglauben in der Gesellschaft. Mit dem Instrument der Inquisition konnte die Gesellschaft die Ketzer und die Hexen ausfindig machen, mit der Folter Geständnisse erzwingen und anschliessend, die vom Teufel besessen Kreaturen rechtmässig verbrennen. Um erfolgreich den Teufel aus der ganzen Gesellschaft zu vertreiben wurden unschuldige Frauen verbrannt, Der irrige Aberglaube wurde in der Aufklärung nur mit dem Verstand und nicht mehr theologisch mit der Kraft des Heiligen Geistes überwunden. Die Christen erkannten ihr schreckliches Fehlverhalten nicht wirklich.

Der Glaube wurde langsam „verweltlicht", d. h. zu einem Instrument der politischen Macht. Die christliche Gesellschaft akzeptierte das politische Selbstverständnis eines profanen Christentums, wie es die Fürsten forderten. Seit der Aufklärung ist wieder wie in vorchristlicher Zeit, der staatliche Machthaber Herr über die Religion. Im weltlichen Staat bilden die Gesetze zunächst die staatlichen Prinzipien ab, und die konkreten Entscheidungen werden von den effektiven Machtverhältnissen verwirklicht. Dabei wird die Religion ausschliesslich als ein politisches Mittel zur Stützung des Staates und der Gesellschaft eingesetzt. Daher muss heute die Kirche den neusten gesellschaftlichen Strömungen sich anpassen, sonst wird sie von Staat und Gesellschaft abgestraft. Wie im Römischen Reich werden die Christen wieder in sehr vielen Ländern verfolgt. Im neuen Reich der Mitte, im kommunistischen China lautet die Staatslehre:

Die Partei hören, der Partei danken und der Partei folgen!

Da präsentiert sich die Partei als Religionsersatz und verlangt wie eine Gottheit bedingungslosen Gehorsam. Die Religion kann von den gesellschaftlichen und politischen Strukturen nicht einfach getrennt werden. Immer vermischen sich geistliche und weltliche Vorstellungen. Heute stehen die gläubigen Christen einem atheistischen Staat gegenüber, und sie versuchen der neuen Situation sich anzupassen, denn die Christen haben ihre spirituelle Stärke verloren, um die existenzielle Bedeutung der Gottes-und Nächstenliebe in dieser Welt sichtbar zu machen, weil sie die innerkirchlichen Konflikte nicht gemeinsam lösen. Sie haben die geistige Auseinandersetzung mit dem nationalen und allmächtigen Staat, der keine Religion braucht, aufgegeben. Die Gläubigen sind mit den innerkirchlichen Streitigkeiten vollauf beschäftigt.

Wie kann in der Kirche der Streit beseitigt werden? Sollen jetzt die Christen den Staat um Hilfe bitten, damit in der Kirche die Frauenordination durchgesetzt wird? Das ist keine Lösung.

Der Absolutismus im Denkmodell der Kirche

Staatliches und kirchliches Denken vermischen sich immer wieder neu. Im Zeitalter des Absolutismus übernahm erstaunlicherweise auch das kirchliche Denken die absolutistische Regierungsform. Der Papst wurde „omnipotent", d. h. als ein absoluter Herrscher über die Kirche interpretiert. Offene Kritik am Papst wurde nicht mehr geduldet und verboten. Auf gleiche Weise wie ein weltlicher Alleinherrscher übt der Papst als Oberhaupt in der Kirche auch eine absolute Herrschaft aus. Das dogmatische Wissen des Papstes steht seither über dem persönlichen und auf den Heiligen Geist vertrauenden Gewissen des gläubigen Menschen. Dieses absolutistische Prinzip hat die Kirchenstruktur verändert, und die legale Herrschaft über die Kirche wurde ausschliesslich dem Papst übertragen. Die alles bestimmende Macht in der Kirche ist heute der Heilige Stuhl. Ohne seine Zustimmung darf nichts verändert werden. Diese verengte Auslegung der kirchlichen Führung in Glaubensfragen widerspricht der Vorstellung Christi über das verheissene Reich der Liebe GOTTES.

Die Liebe dient den Menschen; sie beherrscht die Menschen nicht. Christus hat den Menschen geholfen, die Leidenden geheilt und niemand unterdrückt. Im Rückblick auf das Evangelium steht dieses absolutistische Verständnis der Kirche der Botschaft Christi entgegen. Auf dem Weg nach Kafarnaum besprachen die Jünger die Frage, wer unter ihnen der Grösste sei.

Da setzte Christus sich, rief die Zwölf und sagte zu ihnen: Wer der Erste sein will, soll der Letzte von allen und der Diener aller sein" (MK 9,35).

Im Verständnis Christi ist daher der Papst der „Letzte", bzw. der Diener aller Christen, und er ist nicht der oberste unfehlbare Chef, dem jedermann zu gehorchen hat. In der Gemeinschaft der Kirche ist die Liebe und nicht das Recht das höchste Gut. Der Papst kann daher nur wohlwollende Weisungen aussprechen und die Gläubigen können verständnisvoll diese Wünsche auch annehmen. In diesem gegenseitigen vertrauensvollen Umgang ist die Kirche auf dem rechten Weg in das Reich GOTTES und die „Unfehlbarkeit" des Papstes wird vom Vertrauen in den anwesenden Heiligen Geist gesichert, der ohne Zwang die Gläubigen auf den Weg zur Erfahrung der Liebe GOTTES in der Kirche weist. Daher darf von der Kirchenleitung auch kein Zwang ausgeübt werden, denn jeder Zwang zerstört automatisch den Bund der Liebe zwischen GOTT und den Mitchristen in der Kirche.

Die Liebe ist ein Akt der Freiheit. Nur in den profanen Vorstellungen der Politik verlangen die Macht und das Recht immer Unterwerfung und Gehorsam. Das Reich GOTTES ist daher auch keine politische Grösse, die mit Macht die Welt verbessern will. Für einen Volksaufstand gegen die römische Herrschaft hat Christus sich nie ausgesprochen. Seine Lebensweise war ausschliesslich das bewusste Denken und Handeln in der Gegenwart der Liebe GOTTES.

In der Liebe GOTTES erträgt der Mensch das Leid auf der Welt

In Verständnis Christi wird allein im persönlichen Vertrauen auf die Gegenwart des Heiligen Geistes, die Liebe GOTTES passiv erfahren, und die Gläubigen werden fähig das Leid auf dieser Welt zu ertragen und sie sind bereit einen echten Beitrag zum Frieden unter den Menschen zu leisten.

GOTT wird im Herzen von der wachen Person wahrgenommen und nicht von irgendwelchen gesellschaftlichen Meinungen bestimmt. Erst mit der realen Wahrnehmung der Liebe GOTTES im Herzen kann ein Mensch das Unrecht auf dieser Welt ohne den Zwang zur Vergeltung ertragen und er muss nicht Gleiches mit Gleichem vergelten. Diese Lebensweise hat Christus in seinem Leiden und Sterben sehr klar vorgelebt. Dank der liebenden Gegenwart GOTTES ertrug Christus sein Leiden und seinen Tod. GOTT allein gewährt den Gläubigen diese übermenschliche Kraft der Liebe über das Leid und den Tod zu siegen. Nur wer an die reale Gegenwart GOTTES glaubt, kann die vielen schwierigen Menschen auf dieser Welt noch wirklich lieben.

Christus hat keine allgemeine Gesellschaftskritik verkündet und er hat auch keine Organisation zur Verbesserung der Lebensumstände gegründet. Im modernen Sinn war Christus weder ein Zelot noch ein Sozialapostel, weil er sich grundsätzlich immer um die konkreten Probleme und die individuellen Personen kümmerte, die seiner Hilfe gerade bedurften. Er äusserte sich sehr zurückhaltend in sozialen und politischen Fragen. *„Arme werdet ihr immer haben!"* und *„Gebt dem Kaiser, was dem Kaiser gehört".* Nie hat er zu einem Aufstand gegen die Herrschaft Roms aufgerufen. Mit seinen Jüngern hat er keine politische Partei geschaffen. Die Tempelreinigung hat er allein und ohne seine Jünger gemacht. Bei seiner Gefangennahme gebot er dem Petrus sein Schwert wieder einzustecken. Christus war überzeugt, dass nicht das Wissen der Gesellschaft, sondern das Gewissen der individuellen Person im Geist der Mitmenschlichkeit helfen werde, die offenen und schwärenden Konflikte unter den Menschen zu überwinden.

Im Verständnis Christi war das Reich GOTTES, das er verwirklichen wollte ganz auf die Gegenwart GOTTES unter den Menschen ausgerichtet. GOTT offenbart sich nicht den anonymen Massen. Daher hat Christus das Individuum und nicht einfach die Gesellschaft und ihre Probleme angesprochen. Nur die wache geistige Person kann die göttliche Wirklichkeit subjektiv und existenziell erfahren. Die individuelle Person muss den Blick auf GOTT richten und den göttlichen Willen suchen, um das Reich GOTTES auf dieser Welt sichtbar machen zu können. Im Zentrum des Glaubens steht immer die individuelle Person vor GOTT. Die Liebe zu GOTT und das Bewusstsein von GOTT geliebt zu sein, ermächtigt erst die individuelle Person zur echten Nächstenliebe. In dieser Haltung wird ein Mensch zur echten Rücksichtnahme fähig, und er wird in den gesellschaftlichen Konflikten zu ehrlichen Kompromissen bereit.

Die gefühlte Wahrnehmung der Wirklichkeit

Die persönliche Wahrnehmung der Umwelt wird immer von Gefühlen und Empfindungen begleitet. Sie erhellen oder verdunkeln urteilende Erkenntnisse. Um die vielen gesellschaftlichen Probleme zu lösen, ist im menschlichen Bewusstsein der ehrliche und vernünftige Verstand für die gerechten Urteile zuständig. Da aber das Recht und die Gerechtigkeit unter den Menschen immer umstritten bleiben, können die Menschen ihre Probleme nicht wirklich einvernehmlich lösen. Daher bleiben unangenehme Gefühle im persönlichen Bewusstsein haften und jeder Mensch nimmt sich in einer ungerechten Gesellschaft wahr. Da gilt rasch der logische Grundsatz:

Wer geschlagen wird, schlägt zurück.

Die Stärke der verletzen Gefühle bestimmt normalerweise die Härte des Gegenschlages, sofern die Gegenwehr überhaupt möglich ist. Der erfolgreiche Gegenschlag löst auch nicht automatisch die negativen Gefühle auf. Unrecht und Bosheit werfen weiterhin dunkle Schatten auf die Gemüter aller Menschen. Ein unheilvoller Geist der Vergeltung terrorisiert die menschliche Gesellschaft und die Menschheit weiss nicht wie sie dieses Unheil loswerden kann. Das Unrecht kann nur mangelhaft geflickt und die bösen Taten können nicht rückgängig gemacht werden, die Schäden der Bosheiten bleiben als Lasten bestehen und die Lügen richten weiterhin Unheil an. Als Ausweg aus dieser Misere glaubt man folgerichtig an die These:

Man muss Böses mit Bösem vergelten

Doch das System der ständigen Heimzahlung funktioniert nicht, weil die Vergeltung alles nur noch schlimmer macht. Diese Ausweglosigkeit belastet alle Menschen und sie sind dennoch überzeugt, dass es eine vernünftige Lösung geben müsse. Das setzt zuerst voraus, dass die Menschheit sich ihrer realen Unwissenheit bewusst wird, und nach einer vernünftigen Lösung sucht. Das ist ein schmerzlicher und langwieriger Prozess, den viele Menschen abbrechen. Sie suchen nicht die Wahrheit, lassen sich nicht kritisieren, schalten das logische Denken aus und lassen sich von ihren „richtigen" Gefühlen leiten. Sie sind der festen Überzeugung, dass die Andern sich zuerst ändern müssen.

Neu ist das Ringen einer sozialen Elite, ihrem moralisch codierten Innenleben zu allgemeiner Zustimmung, ja Würdigung zu verhelfen. Sozial prämierten Überzeugungen werden die passenden Affekte zugeführt. Wer auf sich hält, der trägt Gefühl. Emotionale Gewissheiten beglaubigen sich nicht durch Argumentation, sondern durch Ausdrucksstärke. Somit wird die Sprache des Bobos zur unaufhörlichen Kundgabe der „richtigen", nämlich der von ihm gefühlten "Werte" Präferenzen. (Jürgen Grosse, NZZ 15. 11. 2022, S.18 Der neue Polit-Boboismus)

Die Menschen wollen das Paradies, aber sie wissen nicht, wo es zu finden ist.

Das religiöse Denken versucht im Fassbaren das Unfassbare wahrzunehmen

Alle Menschen haben eine eigene geistige Vorstellung vom Paradies und sie möchten ihr Leben dort verbringen. Die Welt der Phantasie ist leicht und unbeschwert. Dagegen ist die geistige Erfassung der Wirklichkeit kompliziert und schwierig. Die Gedanken und guten abstrakten Ideen sind zwar nicht die harte Wirklichkeit, aber sie können die Wirklichkeit teilweise erfassen, denn die geistige Person kann ihr Dasein in einer komplexen Welt erkennen und das eigene Leben innerhalb der vorgegebenen Grenzen formen. Doch wohin soll der Weg gehen, wenn die sichere Orientierung fehlt?

Das eigene „Sich-Meiner-Selbst-Bewusst-Sein" bleibt mir fremd. Ich bin mir selbst bewusst und zugleich unerkannt und ich bewege mich in einer grossen unfassbaren Realität. In jeder Veränderung bleibt mein „Ich" als die gleiche unfassbare Identität bestehen. Wer bin ich wirklich?

Die geistige Person nimmt in der Erkenntnis der Umwelt nur indirekt sich selbst wahr. Erst durch die sinnlichen Wahrnehmungen wird der Mensch als Person sich seiner selbst bewusst. Er erkennt in der sichtbaren Welt die verschiedenen Objekte, die alle nach dem Grundprinzip: *„Wenn – Dann"* sich verhalten, bzw. mit ihrer Veränderlichkeit in der sichtbaren Welt erkennbar bleiben. Die Frage: Was geschieht, wenn ich etwas Konkretes tue, ist normalerweise leicht zu beantworten. Doch wenn die geistig erwachte Person, die Fragen weiter fasst, werden die Antworten plötzlich kompliziert oder fallen aus. Fragen, die mit *warum, wozu, woher, wohin soll ich gehen*, gestellt werden, können sehr oft nicht mehr beantwortet werden. Wichtige Lebensfragen bleiben im Bewusstsein der fragenden Person in einer unfassbaren Grauzone unbeantwortet stecken.

Für alle Menschen sind passende und verlässliche Antworten auf die eigenen existenziellen Fragen aber grundsätzlich lebensnotwendig. Ohne aufrichtende und gute Antworten auf die persönlichen Daseinsfragen, wird das Bewusstsein von einer dunklen und traurigen Verzweiflung ergriffen. Dann werden diese offenen Fragen zu einer Belastung für das Bewusstsein, das Gemüt und den Verstand. Das Ichbewusstsein will unbedingt sich selbst verstehen können.

Ich will wissen, warum ich lebe, ob mein Dasein sinnvoll ist, wohin mein Handeln mich führt, und wozu ich nütze bin?

Mit diesen Grundfragen befassen sich alle Religionen, und sie geben für den Verstand Antworten aus dem geistig nicht fassbaren Raum, der die Wirklichkeit umgibt. Einer Religion muss man glauben und vertrauen können, obwohl das eindeutige Wissen fehlt. Die vielen vorliegenden religiösen Vorstellungen liegen weit auseinander. Die religiösen Aussagen können weder bewiesen noch widerlegt werden. Sie müssen dennoch jederzeit auf ihren vernünftigen und glaubwürdigen Wahrheitsgehalt geprüft werden, denn das eigene Bewusstsein verlangt nach einer persönlichen Gewissheit im Glauben. Jede Person muss daher eine kritische Prüfung der eigenen religiösen Vorstellungen zulassen, und sie darf nie eine religiöse Idee oder Ideologie ungeprüft übernehmen.

Jede Religion behauptet aus dem „Unfassbaren" sichere Informationen zu besitzen. Die Israeliten glauben, dass GOTT mit Abraham einen Bund schloss, seine Nachkommen aus der Versklavung in Ägypten befreite, ihnen die 10 Gebote gab und das Land Kanaan schenkte. Dafür sind sie GOTT zu ewigem Dank verpflichtet.

Die Moslems sind überzeugt, dass GOTT den Propheten Mohamed schickte, der ihnen den Koran vermittelte und sie aufrief, die Menschheit von jedem Aberglauben zu befreien und zur Anbetung des einzigen GOTTES zu führen.

Die Christen glauben an die Auferstehung Christi, und sie sehen in und durch Christus in GOTT, der die wahre Liebe ist, die Urkraft der ganzen Schöpfung.

„Wer an mich glaubt, glaubt nicht an mich, sondern an den, der mich gesandt hat, und wer mich sieht, sieht den, der mich gesandt hat" (Joh 12. 44.45).

Wer Christus sieht, der kann GOTT erkennen. Im Verständnis der Gläubigen führt daher die Lebensweise in der Nachfolge Christi zu einem wohlwollenden und menschenfreundlichen Leben und zur realen Wahrnehmung GOTTES.

Ich vertraue der Erkenntnis Christi über GOTT und die Welt. Das ist ein Religionskonzept, dem ich persönlich zustimmen kann, denn es macht mein Dasein sinnvoll und gut. Ich bin mir gewiss, dass ich die richtige Antwort auf meine Daseinsfrage gefunden habe, und dass ich jetzt nach der Botschaft Christi mein Leben gestalten will. Das glaube ich mit einer inneren Gewissheit.

Von einem wissenschaftlichen Standpunkt sind alle religiösen Aussagen immer nur unbewiesene Hypothesen. Dem kann nicht widersprochen werden. Doch eine gefasste wissenschaftliche These ist auch keine endgültige Aussage, denn sie erfasst nur einen engen, wiederholbaren Ausschnitt aus der Wirklichkeit. Jede These bleibt im Meer der unfassbaren weiteren Hypothesen stecken, weil die menschlichen Sinne nur kurze und beschränkte Angaben aus der Fülle der Wirklichkeit an das Hirn weiterleiten. Das Fassbare in der Welt ist nur ein kleiner Bruchteil aus der unfassbaren Wirklichkeit in der die Menschheit lebt. Wissenschaftliche Aussagen über GOTT, wie z.B., dass *die Wissenschaft keinen Gott brauche,* sind daher auch nur abstrakte Behauptungen.

Heute wird nur die Wissenschaft als Grundlage jeder Erkenntnis angesehen. Das moderne wissenschaftliche Weltbild hält seine eigenen Erkenntnisse für richtig, zuverlässig und sicher. Das ist ein Irrtum. Genaues Wissen ist nicht der Ursprung eines Erkenntnisprozesses, sondern das Ende eines komplexen und mühsamen Ausschlussverfahrens. Der Beginn jeder Erkenntnis liegt in den gefühlten sinnlichen Wahrnehmungen, die der Verstand im Hirn deuten und einordnen will. Mit der Logik können zunächst nur gleichbleibende Objekte und Sachverhalte als sicheres Wissen im Gedächtnis gespeichert werden, aber die reale Wirklichkeit verändert sich ständig, ohne dass die Ursachen für die vielen Veränderungen vom Verstand wissenschaftlich je richtig erkannt werden.

Alles im Leben ist veränderlich und nichts ist gleichbleibend und fix. Das gilt auch für das eigene Ichbewusstsein. Mein Wissen ist an die Vergangenheit, bzw. an die Gegenwart gebunden. Über die Zukunft kann mein Wissen nur noch Möglichkeiten beurteilen und mein Wissen wird sofort zu einem möglichen oder zu einem unwahrscheinlichen Glauben, der die Zukunft deutet. Das Künftige kann die geistige Person nur gläubig ausdenken und annehmen.

Alle Menschen müssen grundsätzlich als unwissende Kreaturen immer ihren eigenen Lebensweg im Glauben und mit Vertrauen gehen. Die Individuen können daher ihre grossen existenziellen Lebensfragen nur im Glauben sehen und beantworten. Diese Tatsache der absoluten existenziellen Unwissenheit kann das moderne wissenschaftliche Weltbild nicht widerlegen. Die eigene umfassende und existenzielle Selbstwahrnehmung bleibt also immer im Dunkel des grossen Unfassbaren verhaftet. Das Unfassbare umgreift vollkommen die menschliche Existenz, und es bestimmt das individuelle Leben umfassend.

Diese Erfahrung erlebt jeder Mensch, und er versucht trotzdem die für ihn richtigen Schlüsse aus dieser Unkenntnis zu ziehen. Aus solchen persönlichen Rückschlüssen sind die Religionen entstanden. Jede religiöse Aussage darf daher dem Verstand und der Logik nicht widersprechen. Alle unglaubwürdigen Behauptungen müssen strikt abgelehnt werden. Sie gehören in die unreale Welt der Phantasie, des Aberglaubens oder gar der Lügen. Anderseits gibt es auch keinen vernünftigen Grund, glaubwürdige religiöse Aussagen prinzipiell abzulehnen. Der geistig denkende Mensch darf die glaubwürdigen Aussagen als mögliche Wahrheit annehmen und auch verinnerlichen, und er kann mit diesen idealen religiösen Vorstellungen anschliessend sein konkretes Leben gut und vernünftig gestalten. Jede Person begründet ihr Weltbild religiös, d. h. als eine richtige Deutung der unfassbaren Wirklichkeit.

Der Mensch erfasst nur die Wahrscheinlichkeit, nicht die wahre Wirklichkeit!

Die Wahrnehmung der realen Wirklichkeit ist für eine geistige Person stets ein subjektiver Erlebnisprozess. Die einzelne Person sieht die Welt nicht mit den gleichen Sinnen wie die andern Menschen und die Menschen nehmen die Wirklichkeit objektiv auch nicht identisch wahr. Für die fundierte Überprüfung der eigenen religiösen Aussagen spielt die Wahrhaftigkeit eine zentrale Rolle. Auch unbeweisbare religiöse Aussagen können durchaus wahr sein, wenn sie von ehrlichen und glaubwürdigen Personen erzählt werden. Manche Personen erfassen vom Unfassbaren mehr als die Andern, denn die Talente und die Begabungen der Menschen sind unterschiedlich verteilt.

Es gibt offensichtlich auch eine religiöse Begabung. Religionsstifter sind nicht automatisch Scharlatane oder Lügner. Ich kann daher nie behaupten Mohamed hätte in der Einsamkeit am Berg Hira keine persönlichen und übernatürlichen Erfahrungen erlebt, die ihn später zur Niederschrift des Korans drängten.

Die kritische Art der Wahrheitsfindung gilt auch für die neutestamentlichen Texte. Christus, seine Botschaft und die überlieferten Texte sind seit den Anfängen des Christentums mit allen möglichen wissenschaftlichen Mitteln durchleuchtet und geprüft worden. Die echte Glaubwürdigkeit der Botschaft Christi konnte nie widerlegt werden. Daher ist das Vertrauen in die christliche Überlieferung gerechtfertigt. Der Gläubige kann Christus und dessen Botschaft als glaubwürdige Wahrheit verinnerlichen, denn der gläubige Christ erkennt im Evangelium jene Wahrheit nach der er sein Leben gestalten will. Die christliche Überlieferung ist für ihn eine subjektive glaubwürdige religiöse Wahrheit.

Im Gewissen wird die religiöse Wahrheit eine glaubwürdige Wahrscheinlichkeit!

In den Evangelien und in den Briefen der Apostel werden unterschiedliche und subjektive Sichtweisen über Christus und das Reich GOTTES vorgelegt. Die vorliegenden verschiedenen Sichtweisen bereichern daher den christlichen Glauben ohne ihn auszulöschen. Dabei darf der Christ auch kritische Fragen an die Texte und ihre Überlieferung stellen, denn jeder Glaube der den Zweifel verbietet, wird zu einer unglaubwürdigen und unwahren Ideologie. Der Glaube an das Unfassbare ist immer eine offene und keine abgeschlossene Wahrheit. Die religiöse Wahrheit wird mit dem Verstand geprüft, und intuitiv mit dem persönlichen Gewissen als zuverlässig und glaubwürdig angenommen.

Die subjektive Wahrnehmung der religiösen Wirklichkeit trennt die Gläubigen von den Ideologen, die behaupten, sie hätten sichere Prinzipien zur Erklärung der Welt gefunden. Wenn man solche vorgelegten Prinzipien nicht mehr kritisch hinterfragen darf, entsteht eine unglaubwürdige Ideologie. Das ideologische Denken verbietet jede Kritik und hält wie ein Rechenergebnis die eigenen Ansichten als sicheres Wissen fest. Wer sich den ideologischen Vorstellungen widersetzt wird sofort „prinzipiell" bekämpft. Daher wollen auch alle Ideologien mit ihren Prinzipien die ganze Welt missionieren. Diese Ideologien richten mit ihren abstrakten Prinzipien nur Schaden in der menschlichen Gesellschaft an, weil nach logischen Prinzipien kein Leben eindeutig und rational verläuft.

Das ideologische Denken mit sicheren Prinzipien hat eine lange Tradition. Diese Denkweise hat mit der Aufklärung, die sich zuerst dem kritischen Wissen verpflichtet hatte, begonnen. Das kritische „Aufklären" verwandelte sich rasch zu einem sicheren Wissen. Die Aufklärung wollte die unfassbare Welt fassbar und verständlich machen, aber dieser Versuch misslang. Mit dem vermehrten Wissen wurde zugleich auch das bleibende Nichtwissen vergrössert. Über die abstrakten Ideen wird heute in der Gesellschaft unerbittlich gestritten.

Von der Welt der Aufklärung zur Welt der Informationen

Die meisten Menschen bewundern noch immer die Zeit der Aufklärung, denn sie sind überzeugt, dass dank der Aufklärung das Zeitalter der intelligenten Erleuchtung anbrach und der dunkle mittelalterliche Aberglauben überwunden wurde. Das ist eine vereinfachte Sicht auf die Aufklärung. In der Folge der Aufklärung hat eine Veränderung in der menschlichen Selbstwahrnehmung angefangen. Das gesammelte enzyklopädische Wissen zeigte den Menschen eine völlig neue Lebensperspektive auf. Das Schicksal ist nicht gottgegeben, vielmehr kann der intelligente Mensch sein Schicksal selber gestalten! Das eigene Leben ist folglich eine formbare Möglichkeit und kein göttliches Lehen.

„Der aufgeklärte Mensch formt mit seinem richtigen Wissen sich und die Welt.“

Im ursprünglichen Selbstverständnis war der Mensch dem unabänderlichen Schicksal ausgeliefert und der Christ formte mit der Gottes-und Nächstenliebe das Leben. Die schlechten Lebensbedingungen der Menschheit konnten jetzt plötzlich mit dem neuen Wissen verbessert werden. Man fühlte sich nicht mehr einer fernen Gottheit gegenüber verantwortlich, da man das eigene Schicksal mit dem eigenen richtigen Wissen eigenmächtig verbessern konnte.

„Habe Mut, dich deines eigenen Verstandes zu bedienen“. (I.Kant)

Das Licht der eigenen menschlichen Intelligenz beleuchtete die Welt neu. Die Aufklärer fühlten sich frei, und sie sahen sich in der Rolle von Weltbaumeistern. Das Unmögliche werde jetzt möglich, wenn der Wissende sein Wissen richtig einsetzt. Aus der christlichen Verehrung der Heiligen wurde eine Verehrung der erleuchten Menschen gemacht. An Stelle der Gottesliebe trat eine Selbstliebe in den Vordergrund. Mit dem richtigen Wissen und dem Verstand konnte sich jetzt jedermann selbständig verbessern und selbstverwirklichen. Das blinde Schicksal war endgültig überwunden und mit der eigenen Erleuchtung wurde aus der persönlichen Selbstbestimmung ein Grundrecht gemacht. Jeder Mensch kann jetzt selbstherrlich sein Schicksal formen und gestalten. In der neuen Lebensperspektive wurde der religiöse Gottesdienst durch einen Dienst an der Menschheit ersetzt, die jetzt mit ihrem Verstand sich verbessern sollte. Für die intelligente Selbstverwirklichung brauchte es in der neuen und erleuchteten Weltanschauung keinen GOTT mehr. Mit seinem Wissen allein macht der intelligente und erleuchtete Mensch alles möglich.

Der erleuchtete Mensch ist mit seiner Intelligenz das höchste Lebewesen und er kann die ganze Welt beherrschen.

Die Aufklärung hat das rationale Denken gefördert und das nützliche Wissen der Menschen vermehrt. Dank dem unglaublichen Anstieg an Wissen hat sich das demütige Bewusstsein der Menschen in ein stolzes Selbstbewusstsein verändert. Die Aufklärer wollten als gelehrte Philosophen mit ihrem Wissen die Welt verbessern. Diese rationale Idee der Weltverbesserung hat sehr schnell eine überhebliche und selbstgefällige Form angenommen, denn die Aufklärung ist mit der Zeit zu einem ideologischen und rechthaberischen Besserwissen verkommen. Die radikalen Aufklärer fühlten sich als Missionare im Kampf für eine bessere Welt und sie meinten, dass jetzt das einfältige Volk dringend belehrt werden müsse. Die aufgeklärten Herrscher missbrauchten sofort die Aufklärung, um eine ideologische Erziehung des Volkes nach ihrem Gusto durchzusetzen. Aus der Aufklärung wurde ein Prinzip der legalen Herrschaft.

Aufklären heisst Beherrschen!

Aus den neuen und angeblich sicheren Ideen der Aufklärung wurden universale Prinzipien gemacht mit denen man die ganze Welt beglücken wollte. Das Denken in ideologischen Ideen und mit abstrakten Prinzipien ist heute in vielen gesellschaftlichen Gruppen zu finden. Z. B. bei Nationalisten, Kommunisten, Rassisten, Artenschützer, Evangelikalen, Verschwörungsgläubige, Klimaretter, Veganer, Genderspezialisten, Sprachüberwacher, etc. Sie alle sind 100% von ihren Ideen prinzipiell überzeugt und wollen immer die ganze Welt umerziehen und sie zwingen die Widerspenstigen ihren logischen Ideen und ihren endgültigen Wahrheiten blind zu folgen. Aus abstrakten Prinzipien können rasch Hilfsmittel werden, um zu töten. Die Ideale der Aufklärung bewirkten in der Französische Revolution folgerichtig den Terror. Die Aufklärung bleibt nur ein begrenztes Heilmittel für spezielle Probleme der Menschheit, denn die Aufklärung liefert nur ein enges und beschränktes Wissen in konkreten Fällen.

Heute erreicht die Aufklärung einen Höhepunkt als Herrschaftsinstrument. Aufklärerinnen wollen mit dem Prinzip der Gleichheit in der deutschen Sprache die Gendergerechtigkeit durchsetzen. Wenn von Personen gesprochen wird, müsse immer das Geschlecht sichtbar werden. Alle Individuen dürfen in allen gesellschaftlichen Bereichen nicht mehr ohne die Anzeige ihrer präzisen oder von ihr gewünschten Geschlechtszugehörigkeit angesprochen werden. Damit wollen sie die verhasste Herrschaft der Männer endlich zerstören. Die neue Aufklärung will nicht mehr Etwas verbessern; sie will Etwas erzwingen.

Die Aufklärung hat auch das Bild der Kirche beeinflusst und verändert, denn alle Aufklärer kritisierten die kirchlichen Traditionen heftig. Gegen diese Kritik hat die Kirche sich gewehrt und mit einer eigenen sicheren „Aufklärung" auch verteidigt. Mit der Überhöhung einzelner Überlieferungen zu Dogmen wurde jetzt der Glaube als eine gesicherte Lehre verkündet. Auf diese Art und Weise wurde der Glaube als ein übernatürliches Wissen verklärt. Die kirchliche Verkündigung hat allerdings mit diesem neuen dogmatischen Wissen unbemerkt auch das ideologische Denken angenommen, denn ein Dogma durfte nicht mehr kritisiert werden. Der christliche Glaube verwandelte sich in eine neue Art von sicherem Wissen, und die dogmatische Glaubenslehre wurde jetzt zum Wesensmerkmal der Kirche. Gegen jedes Dogma war nun keine Kritik mehr erlaubt. Mit der dogmatischen Auslegung der Glaubenslehre verschärfte sich der Streit zwischen Wissen und Glauben. Die dogmatische Sicherheit ersetzte die bisherige Glaubwürdigkeit der religiösen Aussage.

Es folgte ein endloser Streit zwischen dem wissenschaftlichem Wissen und der dogmatischen Wissen der Glaubenslehre. Die Kirche hat diesen Streit im Laufe der Zeit verloren, denn das neue wissenschaftliche Wissen wurde für die Menschen immer wichtiger, und das gläubige Vertrauen in die sicheren und dogmatischen Lehren der Kirche immer schwächer. Die Wissenschaft feierte stets neue Erfolge, während für die Gläubigen der Glaube nur noch aus Wiederholungen der dogmatischen Lehren bestand.

Die Kritik der Aufklärer ist allerdings auch nicht stichhaltig, weil der rationale Verstand die religiöse Wirklichkeit nicht beurteilen kann. Das Wissen stützt sich immer auf eine sichere und eindeutige Erkenntnis in speziellen konkreten und überschaubaren Fällen. Wo das Wissen fehlt. kann allerdings auch kein eindeutiges Urteil gefällt werden.

Die Dogmen bleiben stets glaubwürdige Aussagen und sie können folglich nie als ein sicheres Wissen verstanden werden. Die religiöse Wahrheit braucht einerseits ein vorgegebenes Wissen, aber die Wahrheit im Glauben wird in der Gewissheit gefestigt. Die Gewissheit kann und muss daher immer kritisch hinterfragt werden. Das hat die Theologie mit dem unbedingten Festhalten an der sicheren und eindeutigen dogmatischen Lehre übersehen.

Das unbedingte Beharren der Kirche auf der dogmatischen Wahrheit verbietet jede Kritik und verhindert letztlich auch jede Reform in der Kirche. Die starre Verkündigung einer unveränderlichen dogmatischen Wahrheit wurde zum Wesensmerkmal der Kirche. Damit verspielte die Kirche endgültig ihre erforderliche Glaubwürdigkeit, um eine vernünftige und plausible Aussage über das „Unfassbare“ in der Erkenntnis der Wirklichkeit zu machen.

Das politische Denken seit der Reformation hat den christlichen Glauben zu einem Spielball in den Händen der Landesfürsten gemacht. In der Gegenwehr hat die Kirche das absolutistische Denkmodell der Fürsten übernommen. Im Streit um die Aufklärung hat die Kirche versucht den Glauben als ein höheres göttliches Wissen darzustellen und mit dieser Argumentation den Kampf verloren, weil die Menschen mit dem rasanten wirtschaftlichen und materiellen Aufstieg in die Wohlstandgesellschaft den religiösen Glauben verloren haben. Ein religiöses Wissen wurde dazu nicht mehr gebraucht.

Seit allerdings der Wohlstand bröckelt, die Grenzen des Wachstums sichtbar werden, jede religiöse Orientierung fehlt, Ängste über die Zukunft die Gemüter bedrücken, schiessen absurde Verschwörungstheorien wie Pilze aus dem Boden und der Aberglaube wächst. Man meint, dass man mit den richtigen Informationen den Untergang der Zivilisation doch noch verhindern kann.

Die richtigen Informationen verändern das Leben

Die Aufklärer waren einst überzeugt, dass mit einer allgemeinen Schulbildung die grosse und schreckliche Armut besiegt würde. Das erworbene Wissen könne man konsequent zur Vermehrung von immer besseren materiellen Produkten einsetzen. Eine höhere Bildung führe mit Sicherheit zu einem sozialen Aufstieg für alle. Friede und Zufriedenheit kämen automatisch mit dem steigenden materiellen Wohlstand. Alles Wissen wurde auf die Ansammlung von immer mehr weiteren und nützlichen Erfindungen ausgerichtet.

Der Begriff der Aufklärung wird heute vor allem mit dem Erwerb von besseren Informationen verbunden, die man braucht, um etwas Nützliches zu erfinden und zu produzieren. Das auf den praktischen Nutzen ausgerichtete moderne Informationszeitalter ist angebrochen. Die neue gültige These für die gute Lebensgestaltung heisst jetzt vereinfacht:

Mit den richtigen Informationen kannst du alles machen!

Mit der Zeit veränderte das informative Wissen die Gesellschaften immer schneller. Das Wissen wurde immer grösser und die vielen Informationen zeigten neue praktische Lösungen auf. Mit den Erfindungen von besseren technischen Mitteln wurde auch die Arbeitswelt zuerst erleichtert, aber die Arbeitsbedingung erneut wieder schlechter mit der anbrechenden rationalisierten Industrialisierung. Neue Wirtschaftsmodelle und Fabrikanlagen wurden ausgedacht. Die wachsenden Verelendung der Arbeiter und die vielen gesellschaftlichen Missstände konnten allerdings nicht einfach gelöst werden, weil es trotz den vielen Informationen auch kein sicheres Wissen zu deren Lösung gab und gibt.

Zur Verbesserung der Fabrikarbeiter wurde zunächst wenig getan. Die Arbeiter kämpften täglich um ihr Überleben. Der alte Adel versuchte seinen Stand zu wahren und die erfolgreichen Fabrikbesitzer suchten ihren Besitz zu mehren. Die existenzielle Angst, das Leben nicht mehr selbst bewältigen zu können, trieb in der Welt der Industrie die Menschen zu immer grösseren Leistungen an:

Das Leben muss besser werden!

Der Glaube an den kommenden wunderbaren Fortschritt der Menschheit wurde zu einer treibenden Kraft. Alles Wissen wurde systematisch auf brauchbare Informationen reduziert, die man nützlich verwerten konnte. Religiöse Fragen wurden immer weniger gestellt, weil in diesen Fragen kein sofortiger Nutzen erkennbar war. Der Glaube an Wunder wurde verworfen, denn die Wunder konnten nicht gemacht werden. Allein das nützliche Wissen ermögliche den Fortschritt, dachte man, nicht aber der Glaube an GOTT. Davon waren bereits die aufgeklärten Baumeister überzeugt, und sie meinten, dass sie mit ihrem besseren Wissen das Paradies auf der Erde erschaffen können und müssen.

Sinnfragen werden heute nicht mehr gestellt, denn sie sind von den vielen alltäglichen Fragen nach der Machbarkeit neuer Möglichkeiten verdrängt worden. Die Menschen stellen auch keine theologischen Fragen mehr, weil sie überzeugt sind, dass künftig alle Probleme mit den nötigen nützlichen wissenschaftlichen Informationen gelöst würden. Nicht die Frage nach dem Sinn eines Lebens beschäftigt die denkenden Personen, denn sie wollen nur noch die richtigen Informationen für ihre Selbstverwirklichung finden. Alle wichtigen Lebensfragen werden auf eine einzige existenzielle Frage verkürzt:

Was kann ich für mich konkret ausnützen?

Im Lebensprozess wird die materielle Fülle und nicht mehr die geistige Tiefe gesucht. Informationen werden gekauft und verkauft. Das Geschäft mit den allerneuesten Informationen boomt. Um die eigene Lebensqualität zu steigern braucht es ständig neue aktuelle und bessere Informationen. Die Menschen werden täglich mit unzähligen Informationen überhäuft. Der kritische Verstand versinkt in einem Meer von Informationen. Für alles gibt es eine riesige Fülle von Informationen und Ratgeber. Die Vermehrung des Wissens wird auf die Ausbeutung von immer mehr käuflichen Informationen für ein besseres Leben reduziert. Allein das nützliche Denken in einem materialistischen Weltbild prägt gegenwärtig das ganze gesellschaftliche Verhalten der Menschheit.

Um das informative Wissen zu steigern benutzt man immer mehr die Mittel der Künstlichen Intelligenz. Man glaubt mit den Algorithmen könne man künftig das Paradies auf Erden doch noch verwirklichen, und man verkennt dabei die reale unfassbare Wirklichkeit, die dem beschränkten menschlichen Hirn unzugänglich bleibt. Alles neue Wissen führt im Bewusstsein der denkenden Person nur zu einem noch grösseren oberflächlichen Scheinwissen. Das angehäufte Wissen der Menschheit ist ein Ozean geworden in dem die einzelnen Menschen in einer wachsenden realen Unwissenheit ertrinken, aber sie bemerken es nicht. Sie fühlen sich wohl, als würden sie jetzt über dem Weltall in der Allwissenheit schweben. Die KI ist ihr Traumschiff geworden und der Algorithmus ihr Motor. Auf der Schiffsbrücke stehend, meinen sie, mit dem Fernglas das Paradies zu sehen auf dem sie als unsterbliche Menschen in Zukunft leben werden.

Der Glaube an den Fortschritt mit dem richtigen Wissen ist tief im Bewusstsein verankert. Allerdings ist der grosse wissenschaftliche und technische Fortschritt mit dem rastlosen menschlichen Tun und Handeln zwiespältig geworden, denn mit der vermehrten Produktion von Gütern aller Art ist zugleich auch der Abfall gewachsen. Überall liegt Abfall herum. Viele Menschen sehen noch immer das kommende Paradies, während für die Anderen das erwartete Paradies bereits verschwunden ist. Sie blicken angstvoll auf die verschmutzte Welt und sie sehen vor sich den kommenden Weltuntergang, denn die Katastrophe ist bereits sichtbar. Eine wachsende Angst treibt viele Menschen an. Wenn die Menschheit ihre Lebensweise nicht sofort ändert, befürchten sie, werde alles zugrunde gehen. Die Gesellschaft werde jetzt für ihr bisheriges Fehlverhalten bestraft. Die Angst vor dem Klimawandel hat eine Missionierungswelle ausgelöst, um die vorhersehbare Katastrophe zu verhindern.

Die Klimaaktivisten fordern ein absolutes Verbot von klimaschädigenden Materialien.

Bussprediger und laute Klimaaktivisten halten der Menschheit täglich den Sündenkatalog vor Augen, und sie verlangen harte Strafen für die Klimasünder. Ein solcher Künder der künftigen apokalyptischen Zeit klebt z. B. sich auf der Autobahn fest, und er verlangt 1,5 Milliarden, um sofort die Gebäude klimagerecht zu sanieren. Diese Klimaaktivisten stellen allerdings immer wieder irreale Forderungen auf, die Andere bezahlen müssen.

Das Geschehen auf dieser Welt wird von einem Gleichgewicht bestimmt. Alle Aktionen bewirken Reaktionen, die allerdings sehr häufig komplex und nicht vorhersehbar sind. Die Ergebnisse treffen nur bedingt wie erwartet ein und es zeigen sich immer wieder neue Probleme, weil alles miteinander verwoben ist. Der scheinbar aktuelle grosse Nutzen verursacht im Laufe der Zeit schädliche Spätfolgen. Das Geben und Nehmen in der Natur ist immer wieder voller Überraschungen, die von den Menschen viel zu spät entdeckt werden, und sehr oft auch nicht vorhersehbar waren.

Das reine Wissen erhellt die Menschen nicht so einfach und eindeutig. Das Zeitalter der Aufklärung ist vorbei. Die Aufklärung hat sich verfinstert, seit das Wissen über die möglichen Spätfolgen die Menschen belastet und nicht mehr erleuchtet. Je mehr man über die Welt und das Verhalten der Menschen weiss, umso unheimlicher erscheint die Zukunft. Noch gibt es die unentwegten Kämpfer für eine bessere Welt mit Fortschritt und Technik, doch die Grenzen der Ausbeutung werden immer stärker spürbar. Sichere Lösungen für alle Umweltprobleme gibt es nicht, und die reale Angst vor der anbrechenden Klimakatastrophe ist inzwischen allgegenwärtig geworden. Das gesteigerte Wissen von immer mehr negativen Informationen über die kranke Umwelt und das grosse Artensterben verdunkelt die Zukunft der Menschheit.

Die Menschheit fürchtet, dass die zu erwartende Klimaerwärmung die Erde in eine heisse Hölle verwandeln werde. Wenn es kein Vertrauen in ein Leben nach der Katastrophe gibt, und künftige Generationen nicht mehr auf dieser Erde weiterleben können, sei alles verloren, Das Leben auf dieser Welt werde verschwinden, wenn die Menschheit nicht sofort aktiv und konsequent handelt, klagen die Umweltaktivisten. Nur ein radikales Handeln könne die kommende Katastrophe vielleicht noch verhindern, aber offenbar glauben nicht alle Menschen an den Weltuntergang.

Die Wahl der persönlichen Weltanschauung

Der Blick in die Zukunft ist zwiespältig. Die Angst und die Hoffnung wechseln sich ständig ab. Nur mit dem nötigen Zwang könne die Katastrophe vielleicht noch abgewendet werden, aber radikale Eingriffe in die Wirtschaft führen rasch zum Absturz des materiellen Wohlstandes und ohne neue klimaneutrale Energie zu produzieren fällt die Grundversorgung der Menschen zusammen und der entstehende Hunger wird Verteilungskämpfe auslösen.

Was soll, darf, muss oder kann man noch glauben?

Die Menschen haben die Tugenden der Klugheit und der Geduld verloren, weil sie glauben, sie müssten jetzt die Welt retten, aber sie hätten in Wahrheit nicht mehr genügend Zeit, um das kommende Unheil abzuwenden. Das Weltbild hat sich stark verdunkelt, denn es ist möglich, dass der ganze Wohlstand bald zusammenbrechen könnte, weil die von Menschen verursachten Schäden und die folgenden Naturkatastrophen das Leben auf dieser Welt vernichten. Muss der Mensch das Leben darwinistisch deuten:

Das Leben ist ein gnadenloser Überlebenskampf.

Heute sehen viele Menschen eine Hölle und nicht mehr ein Paradies vor sich, In ihren Augen ist der Weltuntergang eine greifbare und reale Tatsache geworden. Viele Menschen fürchten, dass in der kommenden Klimaerhitzung die Menschheit in einer irdischen Hölle verbrannt werde. Das menschliche Leben auf der Erde ende mit einem Höllentanz, denn der kommende Weltuntergang werde jetzt von der verletzten und ausgebeuteten Natur eingeleitet und die schreckliche Katastrophe nähere sich unerbittlich. Der Blick in die Zukunft wird zu einer schrecklichen Vision. Elend und gottverlassen gehe die Menschheit in Kürze unter. Der Schrei des Entsetzens wird immer lauter.

Fehlt dem Bewusstsein der gläubige Blick in den offenen Himmel wird das Leben im unendlichen Weltall für die Menschheit dunkel, verschlossen und sehr bedrückend. Die Menschen werden unruhig und nervös, hektisch und haptisch, sie fühlen sich elend und verlassen, sie sind depressiv und unglücklich, weil es für sie keine gute Hoffnung mehr gibt. Das ist der gefühlte heutige Zustand der Menschheit am Ende der grossartigen Aufklärung. Das wachsende Wissen der Menschen erschafft als Endprodukt eine riesige Abfallwüste aber nicht mehr ein wunderbares Paradies. Die Vermehrung der nützlichen Informationen macht die Menschen nicht mehr glücklich, denn sie fürchten, dass es für die Rettung der Welt schon zu spät sei. Die hoffnungsvolle Vision einer glücklichen Zukunft hat sich verflüchtigt. Das grosse Wort von Kant zu Ende gedacht, lautet heute:

Habe Mut, dich deines eigenen Verstandes zu bedienen, heisst konsequent weiter gedacht: *Dann kannst du jetzt auch in die Hölle sehen!*

Wenn die nützliche und erfolgreiche Ausnützung der Welt als die alleinige und die wichtigste Lebensgrundlage angesehen wird, kann auch das aufgeklärte Wissen die Menschen nicht mehr glücklich machen. In der materialistischen Denkweise wird das Gleichgewicht zwischen den Menschen und der Natur vollkommen zerstört, denn in diesem Denkmodell endet jede Ausbeutung erst, wenn wirklich alles ausgebeutet ist. Der Grundsatz der Materialisten lautet:

Leben heisst Nehmen.

Da der Materialist zudem meint, er sei die höchste Instanz für alle wichtigen Entscheidungen im Leben, erhöht er sich zu einer Art Gottheit, die einfach machen kann, was sie will. Niemand kann diesen selbsternannten Gott in seinem Tun hindern, denn er vernichtet gnadenlos seine Gegner, die ihm nicht geben, was er besitzen will. Der Materialist glaubt, es gebe nur ein einziges Lebensziel: „Ich zuerst", und diese Einsicht bestimmt alles Denken und Handeln dieses Menschen! Alle Tyrannen und ihre Verehrer leben nur für sich und ihren Besitz in diesem ichbezogenen Weltbild der Ausbeutung. Gleichzeitig stellen diese Egoisten sich als Wohltäter für die Menschheit vor.

Der egoistische Übermut hat die Menschen masslos und überheblich gemacht. Das enorme neue Wissen ermöglicht die radikale Ausbeutung der materiellen Welt und der menschlichen Arbeitskraft. Alles wird rücksichtslos ausgenützt: Die Natur, die Pflanzen, die Tiere, die ganze Umwelt und auch die Menschen. Die Schäden dieser Verhaltensweise werden jeweils erst wahrgenommen, wenn die schlimmen Folgen nicht mehr rückgängig zu machen sind. Unzählige Menschen glauben heute an die nützlichen Vorteile des Machens und der Macht, denn sie identifizieren ihr Gewissen kleingeistig mit ihrem Egoismus.

Die Hoffnung der Aufklärung, dass ein sicheres und eindeutiges Wissen das menschliche Leben glücklich vollenden könnte, erweist sich heute als eine grosse Illusion. Das eindeutige Wissen ist zwiespältig, denn es wird vom menschlichen Verstand zur Realisierung des Guten und zugleich auch zur Verwirklichung des Bösen gebraucht. Alles Denken und Handeln der geistigen Person wird in Wahrheit nicht von einem abstrakten Wissen, sondern von ihrem individuellen Wissen und Glauben, Hoffen und Wollen bestimmt. Die Menschen können wählen, aber sie besitzen nur geglaubte Deutungen der Wirklichkeit und sie haben kein wirkliches Wissen über sich und ihr Dasein auf dieser Welt. Auch das informative riesige Wissen kann die Wirklichkeit nicht wirklich erhellen. Fehlt das sichere Wissen, so wächst die Angst vor der Sinnlosigkeit des eigenen Daseins. Jede Person muss daher ein glaubwürdiges Vertrauen in das eigene Dasein finden.

Nur die sinnvollen Wahrscheinlichkeiten, erhellen die Wahrnehmung der Wirklichkeit!

Klären und Vertrauen

Aufklärung und Vertrauen bedingen sich gegenseitig, denn ohne ein sicheres Wissen muss ein vernünftiges Vertrauen das menschliche Handeln lenken. Das Vertrauen in ein sinnvolles und gutes Dasein findet die geistige Person nur mit einer inneren subjektiven Gewissheit. Der Mensch muss die Wahrnehmung der Wirklichkeit mit seinen Sinnen, mit seinem Denken und mit seinem Fühlen richtig klären und deuten. Das erfordert ein kritisches und ehrliches Denken mit dem offenen Bewusstsein nicht alles zu wissen.

In der modernen Weltanschauung fehlen allerdings Bescheidenheit und Demut, Dankbarkeit und Vertrauen. Der Glaube an den gütigen Schöpfer der Welt fehlt und die Hoffnung das eigene Dasein vernünftig und gut zu deuten ist unsicher geworden. Ohne die aufrichtende Kraft des echten Vertrauens in das Gute mit Gewissheit erfahren zu haben, erwacht im persönlichen Bewusstsein die grosse Unsicherheit, und ein angstvolles Gefühl treibt diese Person in eine depressive Weltanschauung, die man nicht wahrhaben will. Ohne ein festes Vertrauen in das kommende und auch mögliche Gute wird das Leben unsicher und zu einer Belastung. Der Mensch braucht unbedingt das Vertrauen in das Gute.

Dieses grundlegende Vertrauen bietet Christus den Gläubigen mit einer sinnvollen und zugleich guten und glaubwürdigen Lebenserfahrung an. Das Wesentliche im Leben ist für jede Person, die Christus vertraut, dass sie auf diesen Weg zur Erfahrung der Liebe GOTTES kommen kann.

Nur in der Liebe fühlt sich der Mensch wirklich glücklich. Das Glück der Liebe zu erleben ist eine wunderbare, mögliche und glaubwürdige Wahrscheinlichkeit. Im Blick auf die Auferstehung Christi darf auch jeder Christ auf die wunderbare Auferstehung in der göttlichen Liebe hoffen und vertrauen. Die Fähigkeit der geistigen Person zum wohlwollenden Denken und Fühlen ermöglicht erst die wunderbare Erfahrung der Liebe. Nicht im Wissen, sondern in der Liebe erfährt der Mensch sein wahres Glück und er erlebt den inneren Frieden mit sich und der Welt. Wer das Leben im Glauben an die Liebe wagt, kann es gewinnen.

„Was nützt es einem Menschen, wenn er die ganze Welt gewinnt, dabei aber sein Leben einbüsst“ (Mt 16,26).

Das Ziel des Lebens ist die Vollendung des persönlichen Daseins in der unendlichen Liebe GOTTES. Die persönliche Mitarbeit im Reich GOTTES ermöglicht es den Menschen dieses Ziel zu erreichen. Das ist eine gute und zugleich auch sinnvolle Lebensweise.

Die Vision Christi vom Reich GOTTES

Respice finem. – Schau auf das Ende.

Die Mitarbeit an der Verwirklichung des Reiches GOTTES ist leider für viele gläubigen Christen keine tragende Lebensperspektive. Man fühlt sich noch immer wohl in der Welt des Wissens, obwohl die verändernden Kräfte der Wissenschaften zur Erschaffung von guten Gütern immer zweifelhafter werden. Die Vision der Aufklärung mit den materiellen Werten eine friedliche und glückliche Zukunft, für die Menschheit zu erschaffen, hat sich nicht erfüllt. Die Hoffnung auf eine bessere Welt hat sich eher verdunkelt. Noch nie hat die Menschheit einen so grossen Luxus gesehen, wie ihn heute viele Menschen geniessen können, aber gleichzeitig werden die Unterschiede zwischen Reichen und Armen immer grösser. Ständig wird von Gleichheit und von Gerechtigkeit geredet, doch die Verwirklichung dieser abstrakten Ideen wird von den realen Verhältnissen auf dieser Welt als ein Wunschdenken entlarvt.

Die natürliche menschliche Solidarität ist ebenfalls ein Selbstbetrug, denn heute ist das Nehmen wichtiger als das Geben. Im Namen des Egoismus wird alles geheiligt. Der Gutmensch wird verächtlich als ein Narr verspottet. Allein das, was mir nützt, ist gut. Doch mit dieser Einstellung wird das menschliche Leben zerstört und nicht aufgebaut. Die Lebensperspektive in einem materialistischen und ichbezogenen Weltbild ist hoffnungslos. Alle Mühen enden im Tod.

In dieser Hinsicht rächt sich heute der Verlust der religiösen Dimension. In der christlichen Zeit war die Hölle ausschliesslich für die Bösen nach ihrem Tod gedacht. Das Elend im Dasein auf dieser Welt konnte mit der Nächstenliebe vermindert werden, Das unabänderliche Leid wurde als eine vorübergehende Belastung geduldig ertragen, denn die guten Menschen gelangten nach dem sicheren Tod in die Wirklichkeit GOTTES im Himmel. In jeder menschlichen Misere blieb die Zukunft offen und hoffnungsvoll, denn das Vertrauen der gläubigen Person war letztlich auf die glückliche Vollendung des Lebens in der Liebe GOTTES ausgerichtet. Diese Gewissheit im Glauben und das Vertrauen auf die göttliche Liebe richteten die Menschen immer wieder auf. Die Vision Christi im Hinblick auf das Reich GOTTES erhellte das dunkle Leben.

Im Vertrauen auf die Liebe GOTTES wird alles gut.

Der Vision Christi des nahen Reiches GOTTES in dem die göttliche Liebe und das Wohlwollen alles Denken und Handeln der Menschen leitet, steht die düstere materialistische Perspektive entgegen.

Die Realität der göttlichen Wirklichkeit wird nur in der Liebe subjektiv erfahren.

In der Kirche ist die wunderbare Idee der aktiven Mitarbeit am Reiche GOTTES heute vielen Christen unbekannt. Sie kümmern sich um die offizielle Institution der Kirche, aber nicht um die spirituelle Verwirklichung des Reiches GOTTES auf dieser Welt. In ihren Vorstellungen wünscht sich ihr Gott eine starke kräftige Kirche, aber diese Sicht verkennt die Botschaft Christi, denn GOTT liebt die individuellen Personen und nicht eine Institution.

Das Reich GOTTES wird im gegenseitigen Wohlwollen aller Menschen realisiert. Die wohlwollende Güte bestimmt das Fühlen, Denken und Handeln der Personen im Reiche GOTTES. Das ist eine menschliche Herausforderung an die denkenden Personen, weil in diesem Denkmodell der Institution Kirche die absolute Herrschaft über die Mitmenschen abgesprochen wird, und der Christ auf die Kraft des Heiligen Geistes vertraut, der in Wahrheit die kirchliche Gemeinschaft leitet.

Um die eigene existenzielle Verzweiflung und die reale Angst vor der Zukunft zu überwinden, ist für Christen der Blick auf Christus, dessen Leiden und Tod und seine reale Auferstehung von zentraler Bedeutung. Im Vertrauen auf die Verheissung Christi und mit dem hoffnungsvollen Gauben an den Heiligen Geist wird auch das schwierigste menschliche Leben erträglich, denn dieser Glaube offenbart der geistigen Person eine glückliche Zukunft mit einem guten Ende. Das eigene Leben auf den Spuren Christi zu gehen, lohnt sich, denn die Vision Christi vom künftigen Reich GOTTES bietet allen Menschen bereits auf dieser Welt eine gute und sinnvolle Lebensperspektive an. Diese hoffnungsvolle Deutung der menschlichen Existenz bietet der existenzielle Glauben an GOTT: Ich glaube an das Gute, d. h. an GOTT und sein Reich.

An das Gute zu glauben ist nicht selbstverständlich. Ohne eine reale Hoffnung und eine ehrliche Selbsterkenntnis gibt es für das persönliche Bewusstsein auch keinen visionären Blick auf GOTT. Wie bisher dargelegt wurde, wird GOTT mit einem einfachen logischen Diskurs oder einer gedanklichen Spekulation nicht erfasst. Vielmehr kann GOTT nur durch eine reale Beziehung mit einer persönlichen Gewissheit subjektiv erfahren werden.

Diese Erfahrung der realen Gegenwart GOTTES ist eine ganz persönliche Wahrnehmung, die zugleich gefühlt und verstandesmässig erlebt wird. Weil die subjektiven und ganz persönlichen Wahrnehmungen nie mit Worten adäquat aussprechbar sind, ist das Gespräch der Menschen über GOTT so schwierig. Es ist leichter über Götter rational zu spekulieren, als die eigene persönliche Beziehung zu GOTT gedanklich richtig zu erfassen, und mit klaren Begriffen auszudrücken. Alle philosophischen Bemühungen um einen glaubwürdigen

Gottesbegriff sind folglich nur Theorien. Ebenso kann eine wissenschaftliche Leugnung GOTTES immer nur behauptet, aber nie bewiesen werden.

Wie die menschliche Liebe als ein wertvolles Gut im persönlichen Leben völlig unterschiedlich erfahren, bzw. nicht erfahren wird, ist die Beziehung zu GOTT als ein wunderbares Geschehen zu verstehen. Von jeder geistig offenen Person wird GOTT nur in der persönlichen Lebenserfahrung als eine starke gute und aufrichtende Kraft dankbar wahrgenommen. Die Erfahrung der Liebe GOTTES ermöglicht erst die Mitarbeit an seinem Reich.

Mit dieser erlebten und verinnerlichten Gotteserfahrung und der persönlichen Gewissheit im Glauben und im Vertrauen auf den göttlichen Beistand wird jedes menschliche Dasein lebenswert und gut, auch wenn das sichere Wissen über die eigene Vollendung in der Liebe GOTTES fehlt. Die Beziehung der Person zu GOTT ist eine Liebesbeziehung, die das Individuum ganzheitlich berührt und verwandelt. Von der Liebe GOTTES getragen, sieht der Christ hoffnungsvoll sich und die gesamte Welt neu. In der persönlichen Lebensgestaltung kann der Gläubige immer wieder die reale Nähe GOTTES dankbar spüren und erleben. Paulus beschreibt diesen wunderbaren Zustand:

„Denn die Liebe GOTTES ist ausgegossen in unsere Herzen, durch den Heiligen Geist, der uns gegeben ist“. (Röm 5,5)

„Wenn also jemand in Christus ist, dann ist er eine neue Schöpfung“.

„Die Liebe Christi drängt uns“. 2 Kor 5,14.17)

Die Kirche als das Reich GOTTES wird durch die lebendige Beziehung zur Liebe GOTTES wie sie Christus vorlebte, verwirklicht. Diese grundlegende Glaubenserfahrung ist immer eine ganz persönliche Erfahrung. Daher kann die Kirche nicht automatisch mit dem Reich GOTTES identifiziert werde, denn das Reich GOTTES ist eine offene freie und lebendige Gemeinschaft, die vom Geist der Liebe durchgestaltet wird. Im Zentrum der Nachfolge Christi steht die auf Christus vertrauende Person, die von der Liebe GOTTES berührt wurde.

Das Christentum ist keine Stammesreligion und auch kein Gesinnungskollektiv, dem sich der Einzelne unterwerfen muss. Der Christ folgt mit seinem Wissen und Willen, und mit seinem Denken und Handeln der Botschaft Christi. Er lässt sich ganz bewusst vom Heiligen Geist leiten und lenken, denn er fühlt sich in GOTT geborgen. Im Mittelpunkt des Glaubens ist die individuelle Person, die mit Christus die Liebe GOTTES in der Welt erfahren hat und in ihr leben will.

Die persönliche Selbstverwirklichung in GOTT

Daher versucht der Christ sein Leben wie Christus nach dem Willen GOTTES zu gestalten, den er immer vor Augen hat, und er will seine Liebesbeziehung zu GOTT, der die vollkommene Liebe ist, intensiv pflegen. Diese Beziehung zur göttlichen Wirklichkeit vertieft er im dankbaren Gedenken an sein bisheriges Leben, und er möchte durch seine aktive Mitarbeit in der Gemeinschaft der Christen das Reiche GOTTES in der Welt sichtbar machen. Der Christ steht daher immer in lebendigen Beziehungen zu Christus, zu GOTT und zur Kirche. Jede Beziehung stirbt allerdings ab, wenn sie nicht gepflegt wird.

Auf dem persönlichen Lebensweg ist der Christus für den gläubigen Christen ein ständiger Begleiter; sein echter Lebensgefährte, der sein Gewissen berät und ihm den richtigen Weg aufzeigt. Das Leben in der Nachfolge Christi erfasst die ganze Person. Auf diese Weise wird der christliche Glaube zu einer ganz persönlichen und existenziellen Form der eigenen Selbstverwirklichung denn das gläubige Vertrauen auf Christus ist keine abstrakte intellektuelle Idee.

Am Anfang des Glaubens steht Christus, der durch die Kirche verkündet wird. Die Wahrnehmung der persönlichen Berufung durch Christus in die Nachfolge ist anschliessend der existenzielle Ursprung des eigenen Glaubens. Die ersten Erfahrungen prägen das Bewusstsein der Person und der Christ ist wie jeder Mensch kein in sich abgeschlossenes Wesen. Der Mensch lebt spirituell zunächst immer von den geistigen Gaben, die ihm geschenkt werden.

Er muss daher auch seinen persönlichen Glauben in der Gemeinschaft der Mitmenschen finden, denn er kann ohne den aktiven Beistand aus der Gemeinschaft seinen eigenen Glauben nicht finden, annehmen und bewahren. Daher integriert sich der individuelle Mensch in einer Gemeinschaft, und der Gläubige sucht die aktive Beziehung zur Gemeinschaft der Kirche, damit er in seiner Nachfolge Christi konkret am Reich GOTTES mitarbeiten kann. Niemand lebt für sich allein, denn das menschliche Leben ist nur in der geistigen und spirituellen Gemeinschaft der Mitmenschen möglich.

Das Reich GOTTES ist eine spirituelle Wirklichkeit. Es geht im Reich GOTTES um das innige Verhältnis zwischen GOTT, dem Gläubigen und der christlichen Gemeinschaft. Der Christ will nach dem Willen GOTTES, der das unendliche Wohlwollen ist, sein ganzes Leben gestalten. Er ist überzeugt, dass er durch Christus GOTT, der die reale Liebe ist, immer wieder geistig und sinnlich wahrnehmen kann, und dass er sich selbst zu einem sichtbaren Geschöpf der unendlichen göttlichen Liebe gestalten kann. Jede wahre Liebe existiert nur in einer gelebten Gemeinschaft.

Das Selbstverständnis des Christen in der kirchlichen Gemeinschaft

Diese Form einer gemeinschaftlichen christlichen Lebensweise ist nur möglich, wenn die individuelle Person in ihrem Leben mit der göttlichen Wirklichkeit und mit der realen Kirche intensiv sich befasst. Dafür braucht der Gläubige viel Zeit zum Nachdenken, alle seine Sinne zum Erfassen der Wirklichkeit, seinen klaren Verstand, um die erkannten Dinge sinnvoll zu ordnen, eine aufmerksame und genaue Wahrnehmung der eigenen Gefühle und eine geistige Offenheit. Im Zentrum seiner Überzeugung ist Christus: Der wunderbare Mensch und GOTT.

Der beste Ort für die reale Wahrnehmung der göttlichen Wirklichkeit ist gemäss der kirchlichen Tradition das Abendmahl mit Christus. In diesem Gottesdienst weckt der Gläubige sein persönliches und wohlwollendes Gefühl zur Welt der Menschen auf, richtet geistig seinen Blick auf das verheissene Reich GOTTES, wird innerlich ruhig und erwartet die Gegenwart Christi in dieser Feier spirituell erfahren zu dürfen. In diesem Sinne ist die Messe immer eine existenzielle Erfahrung und nicht nur ein Bedenken von frommen Aussagen.

Die intensiven Betrachtungen der folgenden Überlegungen sind von grosser Bedeutung für die Gestaltung der eigenen individuellen Lebensform und um das Reich GOTTES als eine persönliche Lebensaufgabe richtig und gut zu verstehen.

Anregungen zur Selbstverwirklichung als Christ

Das gläubige Selbstverständnis in der christlichen Gemeinschaft ist eine glaubwürdige Wahrscheinlichkeit.

Unerschütterlicher Glaube oder hoffnungsvolles Vertrauen.

Die Würde der Person

Das Abendmahl - Das Vaterunser - Die Bergpredigt - Die Schwierigkeiten in der Wahrnehmung GOTTES – Das persönliche Vertrauen in die eigene Auferstehung.

Das gläubige Selbstverständnis des Christen ruht auf vernünftigen Wahrscheinlichkeiten

Jeder religiöse Glaube beruht auf einer Einheit von Wahrscheinlichkeit und Gewissheit. Nur die Wahrscheinlichkeit und nicht die Wissenschaft kann dem menschlichen Bewusstsein die Wirklichkeit vernünftig und gut erklären. Die menschlichen Beziehungen können letztlich mit wissenschaftlichen Methoden nur als Annäherungen an die Realität interpretiert werden. Der Glaube an GOTT, an Christus und an seine Botschaft können allerdings mit grosser Wahrscheinlichkeit als eine gute und zutreffende Deutung der Wirklichkeit dem Bewusstsein verständlich gemacht werden. Der Mensch kann sich selbst also richtig und gut verstehen, wenn er hoffnungsvoll vertraut in der Liebe GOTTES zu leben. Diesen existenziellen Glauben an die Liebe GOTTES kann der Christ als eine Gewissheit erfahren. In dieser Lebensgestaltung wird die ursprüngliche Wahrscheinlichkeit mit einer inneren Gewissheit im täglichen Leben bestätigt.

Die christliche Lebensweise beruht auf der ganz persönlichen Beziehung des Christen zu Christus. Der gläubige Christ ist kein Anhänger einer Buchreligion, sondern ein spiritueller Mensch, der mit Christus in das wunderbare Geheimnis der unendlichen Liebe GOTTES eintauchen will. Im Geist der überlieferten Botschaft Christi und im Vertrauen auf die vermittelte Tradition der Kirche findet die wache geistige Person einen realen Bezug zum Auferstandenen Christus, und mit ihm taucht er in das Geheimnis der unendlichen Liebe GOTTES ein.

Ohne das reale Bewusstwerden, dass ich als Person von Christus direkt angesprochen bin, bleibt allerdings mein individuelles religiöses Bekenntnis lediglich eine fromme Spekulation. Christ werde ich nur, wenn ich mich intensiv, persönlich und existenziell mit Christus auseinandersetze, und mir gewiss bin, das Wort Christi zu hören, das er an mich durch den Heiligen Geist richtet. Ferner helfen mir die Schriften der ersten Christen, die Interpretationen der Überlieferung und das aktuelle Glaubensverständnis der kirchlichen Gemeinschaft, um Christus und seine Botschaft gut und richtig zu verstehen.

Die Pflege der Beziehungen zu Christus, zum Reich GOTTES und zur Gemeinschaft der Kirche muss daher von den Gläubigen im Alltag stets gepflegt werden. Das setzt voraus, dass auch die Gemeinde der Gläubigen immer wieder GOTT sich zuwendet und jederzeit bereit ist, auf den Heiligen Geist zu hören. Nicht was die Menschen denken, sondern was der Heilige Geist lenkt, soll in der Gemeinschaft der Kirche geschehen. Mit diesem Grundverständnis hat die Kirche gegenwärtig echte Probleme.

Der Grundaussage der Botschaft Christi, dass die Gläubigen sich ständig GOTT zuwenden und dem Heiligen Geist in der Gestaltung des Lebens zu folgen hätten, wird im kirchlichen Leben zu wenig Beachtung geschenkt, denn das Reich GOTTES wird in der Zusammenarbeit zwischen GOTT und den

Menschen in der Liebe verwirklicht. Die Kirche sollte stets das Reich GOTTES darstellen, doch das Reich GOTTES zu verwirklichen ist gegenwärtig in der Institution „Kirche“ keine Option, denn die Kirche kreist nur um sich selbst. Das Reich GOTTES als eine gute Verwirklichung der wohlwollenden Umgangsweise für alle Menschen ist im Glaubensverständnis der Christen verblasst. Die Kirche ist leider gegenwärtig mit dem Reich GOTTES von dem Christus sprach, nicht mehr identisch. Die Kirche als Institution hat sich vom Reich GOTTES entfernt.

Diese Entfremdung hat ganz konkrete Gründe, die ihre Ursache in der autoritären Art und Weise hat, wie die Kirche den Glauben an Christus den Gläubigen vorlegt. Christus und seine Botschaft werden heute als eine ewige unveränderliche dogmatische Lehreinheit verkündet. Die wahrscheinliche und richtige Deutung des Glaubens wird als ein sicheres Wissen dargestellt. Die Kirche selbst präsentiert sich zudem als heilig und unfehlbar. Die Kirchenleitung ist aktuell überzeugt, dass der einfache Gläubige die offizielle Lehre, die jetzt dogmatisch fest und gesichert sei, ohne den geringsten Abstrich übernehmen müsse. Mit der Einführung des Dogmas wollte die Theologie ursprünglich die Zweifel am Glauben überwinden und das Gewissen mit einer eindeutigen Interpretation den Glauben stärken. Dieser Versuch ist gescheitert, weil mit der endgültigen neuen dogmatischen Interpretation auch jedes noch mögliche weitere Glaubensverständnis ausgelöscht wird.

In der modernen Welt verfehlt das Dogma zudem sein Ziel den Glauben besser zu verstehen. Die meisten Menschen sehen im dogmatischen Wissen nur noch ein Hindernis und keine echte Glaubenshilfe. Noch nimmer ist der Glaube für die Christen ein Akt des freien Willens und nicht ein Akt des Gehorsams. Der Willensentscheid einer Person dem kirchlichen Dogma zu folgen, muss für die Gläubigen offen bleiben und zugleich verstandesmässig plausibel, einleuchtend und verständlich begründet werden. Das ist für alle Christen eine vernünftige Ansicht: Jeder Glaube muss glaubwürdig sein, und der Kritik ausgesetzt bleiben, denn der Glaube wird als eine Wahrscheinlichkeit dem persönlichen Gewissen vertrauensvoll aber ohne ein sicheres Wissen zugetraut.

Alle Religionen präsentieren Visionen in der Deutung der Wirklichkeit. Diese Visionen müssen immer wieder kritisch mit dem logischen Verstand hinterfragt werden. Daher sind auch die Christen verpflichtet die Lehre und die Tradition der Kirche immer wieder neu auf ihre innere Wahrhaftigkeit zu überprüfen. Das Reich GOTTES ist die ursprüngliche und fundamentale Vision der Kirche. Der Christ muss folglich immer nach dem Reich GOTTES in der Kirche suchen.

Die Glaubwürdigkeit und die innere Wahrhaftigkeit dürfen nicht verletzt werden, wenn der Christ nach dem Reich GOTTES sucht. Das erfordert ein ständiges kritisches Überdenken der Wahrheit im Glauben, denn das verheissene Reich GOTTES ist eine mögliche Wirklichkeit und nicht nur eine abstrakte Vision.

Abstrakte visionäre Ideen entwickeln sich zwangsmässig zu unglaubwürdigen Ideologien wenn sie nicht immer wieder kritisch überprüft werden. In diese ideologische Falle ist das kirchliche Denken gefallen. Sie hat aus der Vision der freiwilligen Nachfolge Christi einen Zwang zur Befolgung der kirchlichen Lehre gemacht. Der freie und offene Glaube wurde in eine feste und geschlossene Ideologie verwandelt. Diese starre Einengung des Glaubens in einen Zwang muss die Kirche korrigieren. Das Christsein ist eine individuelle Lebensweise, die offen und frei in der gelebten Liebe zu GOTT und der Welt sich verwirklicht.

Im Zentrum des christlichen Glaubens steht Christus und seine Vision eines Reiches in dem GOTT und Mensch in einer innigen und freien Gemeinschaft leben. Christus hatte einst persönlich sehr individuelle Menschen in seine Gemeinschaft berufen. Der christliche Glaube ist folglich eine Antwort auf den persönlichen Ruf Christi. Der erste Schritt in die Kirche ist eine individuelle und öffentliche Antwort des Christen auf den gehörten Ruf Christi, den der Gläubige als persönliches Bekenntnis zu Christus und seiner Botschaft annimmt. Mit dem Eintritt in die Kirche gibt der Christ seine Berufung durch Christus nicht einfach an die Gemeinschaft ab, denn der christliche Glaube ist vor allem ein ganz individuelles und öffentliches Bekenntnis der Person zu ihrer existenziellen geistigen Verbindung mit Christus. Der gläubige Christ will vor allem dem Heiligen Geist, den Christus auch ihm verheissen hat, gehorchen. Seine Glaubensüberzeugung beruht auf der lebendigen Beziehung zu Christus in dem er GOTT wahrnimmt.

„Wenn jemand nicht aus Wasser und Geist geboren wird, kann er nicht in das Reich GOTTES kommen“ (Joh 3.5).

„Ihr aber seid nicht vom Fleisch, sondern von Geist GOTTES bestimmt, da ja der Geist GOTTES in euch wohnt“. Denn alle die sich vom Geist GOTTES leiten lassen, sind Söhne GOTTES“ (Röm 8,9,14).

In der Nachfolge Christi lässt der Gläubige vom Heiligen Geist sich leiten, der ihm geschenkt ist. Jeder geistige Mensch muss sein Dasein in dieser Welt vernünftig deuten und eine kluge und sinnvolle Vision für die eigene persönliche Lebensgestaltung finden. Dabei kann er sich nicht nur auf überlieferte Lehren abstützen. Er muss seinen eigenen Weg mit dem Heiligen Geist finden. Dabei ist ihm die Beschränktheit seiner Erkenntnis immer bewusst.

Glauben setzt Vertrauen voraus.

Alle Gedanken, Begriffe und Wörter erfassen die Wirklichkeit nur oberflächlich. Die Welt der klaren Gedanken ist nicht die exakte Abbildung der sich stets verändernden und lebendigen Welt. Die Person kann nur vertrauensvoll eine gute und plausible Ansicht von sich und der Welt annehmen, denn das eigene Hirn hat kein umfassendes Wissen über die ganze reale konkrete Wirklichkeit und auch nicht über das eigene individuelle persönliche Dasein.

Diese elementare Beschränkung der Erkenntnis gilt auch für die kirchliche Gemeinschaft. Die Kirche darf nicht kritiklos ein schönes Idealbild von sich machen, denn auch sie ist der Wahrheit und der Glaubwürdigkeit verpflichtet. Die Kirche muss ihre Lehre und ihre Lebensweise ebenfalls immer wieder mit allen Gläubigen und mit dem Heiligen Geist überprüfen, um die notwendigen Korrekturen durchführen zu können. Dann erst kann der Gläubige der Kirche vertrauen und ihre Deutung der Vision Christi annehmen.

Zwischen der Vision vom Reich GOTTES, das Christus verheissen hat, und der Kirche gibt es aktuell grosse Differenzen. Die verheissene Vision eines Reiches in dem GOTT und die Menschen zusammen arbeiten ist in der gegenwärtigen Kirche verblasst. Als eine weltumspannende Gemeinschaft schätzt die Kirche als eine Institution sich heute zu hoch ein. Die Kirche präsentiert sich selbst gerne als ein durchsichtiger göttlicher Kristall, der leuchtet und unveränderlich ist. Das ist eine übertriebene ideologische Vorstellung der Institution, denn sie verdrängt den Heiligen Geistes aus dem Bewusstsein der Gläubigen.

Die Kirche ist auch nicht ein göttlicher Kristall, weil sie als eine menschliche Institution mit vielen Unzulänglichkeiten und Sünden belastet ist. Die reale Gemeinschaft der Christen besteht objektiv und von aussen betrachtet aus vielen verschiedenen und unvollkommenen Menschen. Die Fehler, die Sünden und das bösartige Verhalten der Christen können folglich auch nicht vertuscht oder gar geleugnet werden. Die Christenheit bildet keine unbefleckte und heile Gesellschaft.

GOTTES reale Gegenwart im Heiligen Geist wird in der Kirche durch das schlechte Verhalten der Gläubigen unsichtbar und die Verkündigung der Liebe GOTTES wird folglich in der Praxis zu einer unglaubwürdigen Aussage. Das ist eine unangenehme Tatsache, die im Widerspruch zum visionären Reich GOTTES von dem Christus sprach. steht. Ohne die echte Wahrhaftigkeit im Denken und Handeln der kirchlichen Gemeinschaft gibt es auch kein glaubwürdiges Vertrauen in die Kirche als eine vom Heiligen Geist durchflutete Institution, die wirklich die Liebe GOTTES ausstrahlt.

Zu viele Christen halten weiterhin das Dogma als ein geoffenbartes göttliches Wort für eine absolute Wahrheit, und sie verkennen, dass der Glaube des Christen auf dem unbedingten Vertrauen auf den Heiligen Geist beruht. Eine dogmatische Geisteshaltung verhindert jede neue Erkenntnis, die sich aus den veränderten Lebensumständen ergibt und sie führt zum spirituellen Tod des christlichen Glaubens. Das ursprüngliche Vertrauen auf die spirituelle Führung der Gemeinschaft durch den Heiligen Geist wird mit einem dogmatischen Glaubensverständnis geleugnet.

Unerschütterliches Dogma oder hoffnungsvolles Vertrauen

Heute hat die Kirche die ihre überzeugende Glaubwürdigkeit verloren, weil sie keine Selbstkritik zulässt, die Wahrheit über die eigene Schuld unterdrückt, und jede geistige Erneuerung der Institution verhindert. Die lehrende Kirche stellt sich als eine makellose Braut Christi vor, die allerdings geistig im Sterben liegt. Die Kirche Christi ist wesensgemäss immer der Wahrheit verpflichtet und sie ist daher ständig auch reformbedürftig, aber eine irreale Angst vor dem Verlust der überlieferten dogmatischen Lehre blockiert im Klerus jede Versöhnung mit der veränderten Umwelt. Um die Kirche aus dieser aktuellen grossen Misere zu retten, gibt es ganz verschiedene und auch sehr profane Ansichten.

Viele Gläubigen haben die Ansichten der modernen Gesellschaft verinnerlicht und sie sind überzeugt, dass sie mit ihrer richtigen Kritik die Kirche aus der aktuellen Krise führen können. Sie sehen in der Anpassung an die Sichtweise der modernen Gesellschaft das Heil für die Kirche, und sie glauben auch zu wissen, wie man die Kirche mit den richtigen und angepassten Kenntnissen aus der Unternehmensberatung wieder in eine erfolgreiche Institution verwandeln könne. Das ist ein grosser Irrtum, denn die Kirche ist kein soziologischer und wirtschaftlicher Verein in einer bereits religionslosen Gesellschaft, sondern eine. spirituelle Gemeinschaft, die mit der Kraft des Heiligen Geistes gestaltet wird. Daher sind echte Reformen nur mit dem Vertrauen auf das Wirken des Heiligen Geistes in der Kirche möglich. Dieser Geist GOTTES offenbart sich immer ganz konkret im gegenseitigen Wohlwollen der Gläubigen.

Das bedeutet, dass die Gläubigen im Geist der Liebe nach der Wahrheit im Glauben suchen müssen und gemeinsam einander gegenseitig vertrauen. Die Einheit der Christen gründet fundamental im Vertrauen auf die Führung durch den Heiligen Geist. Das erfordert von jedem Reformer der Kirche eine grosse Offenheit, geistige Bescheidenheit und geistliche Demut, denn das Wirken des Heiligen Geistes ist ein Geschenk, und die notwendige Reform muss von den Gläubigen als eine die Menschen aufrichtende Kraft erlebt werden.

Gemäss der Tradition stellt die Kirche das von Christus verheissene ideale Reich GOTTES dar. Dabei muss die aktuelle Kirche immer wieder mit der ursprünglichen Vision Christi verglichen werden. Die Vision Christi und die Realität der Kirche sind heute getrennte Wirklichkeiten, die wieder vereint werden müssen. Visionen zeigen dem Denken die Richtung an, denn jede Vision eröffnet eine offene Schau in die Zukunft. Das Reich GOTTES weist auf einen Weg und nicht auf eine feste Lehre.

„Jesus sagte zu ihm: Ich bin der Weg und die Wahrheit und das Leben; niemand kommt zum Vater ausser durch mich“ (Joh 14, 14,6).

Im Geiste Christi kann der Gläubige daher die Kirche als ein Werk des Heiligen Geistes nie ideologisch und kritiklos als eine starre Institution verstehen. Der christliche Glaube ist ein vernünftiger und glaubwürdiger Weg zum Guten hin, aber noch nicht das Ziel. Die gute Vollendung des Lebens schenkt allein GOTT dem Gläubigen.

„Und alle, die gläubig geworden waren, bildeten eine Gemeinschaft und hatten alles gemeinsam. Tag für Tag verharrten sie einmütig im Tempel, brachen in ihren Häusern das Brot und hielten miteinander Mahl in Freude und Einfalt des Herzens"(Apg 2, *44. 46).*

„In Antiochia nannte man die Jünger zum erstenmal Christen" (11.26).

Der Christ geht auf einen speziellen Weg auf sein grosses Lebensziel hin. Dieses Ziel ist auf die Botschaft Christi gestützt: GOTT ist die Liebe. So betrachtet sind die vielen kirchlichen Lehren und Vorschriften nur Stützen und Wegmarken. Diesen Weg kann der Christ nur mit einem offenen und überlegten, glaubwürdigen und hoffnungsvollen Vertrauen auf Heiligen Geist beschreiten. Das Christsein verwirklicht sich in der lebendigen spirituellen Beziehung zu Christus. Jeder Person, die Christus nachfolgt, ist der Heilige Geist geschenkt.

Diese Verheissung des Heiligen Geistes schränkt die apostolische Amtsgewalt ein. Das Fundament der Kirche ist nicht das Amt, auch nicht die Lehre und nicht das Gesetz, sondern die wohlwollende GOTTES- und Nächstenliebe, die von allen gläubigen Personen vorgelebt werden muss. Das macht die Kirche zu einer ausserordentlichen Gemeinschaft, die nicht einfach von dieser Welt ist, denn sie muss das Wunder der göttlichen Liebe verkörpern.

„Jesus antwortete: Du sagst es, ich bin ein König. Ich bin dazu geboren und dazu in die Welt gekommen, dass ich für die Wahrheit Zeugnis ablege. Jeder, der aus der Wahrheit ist, hört auf meine Stimme" (Joh 18,17).

Die Würde der Person

Die christliche Tradition hat der individuellen Person immer eine zentrale Bedeutung zugewiesen. Das verdeutlicht der aus der Theologie stammende Begriff der Person. Die Person ist eine spirituelle Wirklichkeit und nicht nur ein materielles Objekt. Der individuelle Mensch ist ein selbstständiges Wesen, eine unabhängige Einheit und er ist als Person mit Würde ausgestattet, denn er ist stets das wunderbare „Geschöpf" der göttlichen Liebe. Das Kind wird nicht einfach von den Erzeugern gemacht, und das entstandene Wesen ist auch kein Besitz im Bauch der Mutter, die selbstherrlich ihren Besitz behalten oder wegwerfen kann. Mit der Zeugung zum Leben erweckt, wird das entstandene Wesen langsam durch die wohlwollende Zuneigung und durch die hilfsbereite Fürsorge der Familie eine freie geistige und unabhängige Person. Personen können grundsätzlich nie als Eigentum besessen und beherrscht werden. Das lehrt die christliche Theologie.

Das Kind ist daher auch kein Besitz des nationalen Staates, der alle Bürger beherrscht. Der profane ideologische Staat verpasst den Jugendlichen eine nationalistische Ausbildung, fordert von den Erwachsenen Steuern und schickt sie als Soldaten in den Krieg. Die nationalistische Gesellschaft präsentiert sich in diesem Denkmodell als eine Gottheit, die mit den nötigen Mittel der Macht, machen kann, was immer sie will. In diesem modernen Denkmodell dreht sich eine nationalistische Politik nur noch um die Macht über die Gesellschaft und nicht mehr um das Gemeinwohl und die Würde der Menschen. Jeder Nationalismus missachtet die menschliche Person und der Begriff „Nation" ist tatsächlich lediglich ein ideologisches Herrschaftsprinzip aus der Zeit der Stammesreligion. Ohne die Liebe zu GOTT und den Menschen verkommt jede Politik zu einem bösartigen Kampf um Vorteile, Besitz und Macht. Man redet ständig vom Wohl für alle und denkt nur an sich und die eigene Kundschaft.

Um die Macht in Staat und Gesellschaft kämpfen heute auch neue Aktivisten und Ideologen mit ihren egoistischen Prinzipien, denn auch sie wollen über die Menschen herrschen. Grundsätzlich versuchen die modernen missionarischen Aktivisten mit ihren neuen Ideologien ihre Ziele in der Gesellschaft mit Gewalt zu erzwingen, denn sie halten allein ihre eigene Überzeugung für richtig. In ihrem profanen und logischen Denken bestimmt die reine Macht, nicht mehr der Konsens das politische Handeln in jeder Gesellschaft.

Dagegen ist die Menschheit im Verständnis der Christen eine reale Mahlgemeinschaft und keine Machtgesellschaft. Im christlichen Verständnis ist jede Person mit ihrem freien Willen ein individuelles Geschöpf der Liebe GOTTES, und somit nie ein Besitz der Mitmenschen, sondern allein GOTT gegenüber verantwortlich. Erst diese Sicht macht aus Menschen spirituelle freie und unabhängige Personen. Die Person ist weder Frau noch Mann, weder ein

Fremder noch ein Weisser sondern grundsätzlich ein Geschöpf GOTTES. Das ist das wahre Fundament für eine echte Verständigung mit allen Menschen.

Freie, geistige und unabhängige Personen bilden die Kirche, die wiederum das Reich GOTTES auf Erden darstellen muss. Die wahre Führung der Kirche wird vom Heiligen Geist geleitet und nicht von den sichtbaren Amtsträgern allein ausgeübt. Jeder Christ kann daher in einer speziellen Weise vom Geist GOTTES berührt werden. Diese Tatsache muss die Kirchenleitung immer wieder beachten. Das Abendmahl ist das Symbol für eine familiäre und machtfreie Kirche und das Reich GOTTES ist die Vision einer wohlwollenden und hilfsbereiten Gemeinschaft in der Nachfolge Christi.

Von diesem klaren Standpunkt aus bekommt die Feier des Abendmahles ihre zentrale Bedeutung. Es ist der spezielle Ort an dem der Gläubige persönlich Christus in der spirituellen Mahlgemeinschaft trifft, und die Gegenwart der göttlichen Liebe erfahren kann. In dieser Feierstunde kommt der Gläubige dem Geheimnis der heilbringenden Existenz GOTTES näher. Das macht das Abendmahl zu einem aussergewöhnlichen Ereignis.

Die persönliche Freundschaft mit Christus ist für das individuelle religiöse Leben von entscheidender Bedeutung. In den aktuellen Diskussionen über die Feier des Gottesdienstes ist die persönliche Erfahrung der realen Gegenwart Christi für die Gläubigen bedeutungslos geworden. In den Streitereien um die Messfeier geht es vielen Gottesdienstbesucher nur noch um nebensächliche Fragen, ob z. B. die Feier die Gläubigen noch anspricht, wer was im Abendmahl machen soll, wer was vorlesen darf, und wer überhaupt den Gottesdienst leiten kann oder eben nicht. Gedankenlos wird die verheissene reale und wunderbare Anwesenheit Christi völlig vergessen. Die Theologie ist auf Streitigkeiten um die „richtigen“ Formen abgesunken. Man betet zu Gott, aber man liebt GOTT nicht, denn man hadert im Herzen mit den Menschen, mit der Kirche und mit der Welt.

Das Abendmahl

Im Abendmahl taucht der Gläubige in das Geheimnis der göttlichen Gegenwart Christi ein, um die Kraft des Heiligen Geistes zu empfangen.

In der Messe liegt der existenzielle und persönliche Schwerpunkt des Christen in der Gemeinschaft mit dem Auferstandenen Christus. Die Jünger wurden von Christus aufgefordert immer wieder das Abendmahl mit ihm zusammen zu feiern, um die echte spirituelle Gemeinschaft mit ihm zu verwirklichen. Christus verspricht den anwesenden Gläubigen, dass er unter ihnen gegenwärtig sein werde. Das ist eine wunderbare Zusage. In dieser Feier kommen die Gläubigen durch den Glauben an Christus immer GOTT nahe; sie erfahren das göttliche

Wohlwollen, vertrauen auf die reale Gegenwart Christi und sie sind innerlich bereit vom Heiligen Geistes sich verwandeln zu lassen.

In dieser Feier wird zugleich das Reich GOTTES als eine grossartige Vision sichtbar. Durch die intensive geistige Teilnahme am Abendmahl werden die Gläubigen durch die Kraft des Heiligen Geistes befähigt allen Menschen, denen sie begegnen, grosszügig ihr Wohlwollen zu schenken, miteinander das Gute gemeinsam zu suchen, und unter einander die geistigen und materiellen Güter zu teilen. Im Alltag verwirklichen sie anschliessend in ihrem konkreten Leben mit dieser klaren, wohlwollenden und bewussten Lebensform im Geiste Christi den Willen GOTTES. Das gemeinsame Abendmahl mit Christus vereint alle Gläubigen zu einer echten und lebendigen Gemeinschaft, die auf dem Weg in das verheissene Reich GOTTES ist.

„Tag für Tag verharrten sie einmütig im Tempel, brachen in ihren Häusern das Brot und hielten miteinander Mahl in Freude und Einfalt des Herzens“
(Apg 2,46).

Das Abendmahl ist folglich das wunderbare Urbild der Kirche als das Reich GOTTES. Christus hat seine reale Gegenwart im Abendmahl allen Christen verheissen. Brot und Wein symbolisieren äusserlich die Mahlgemeinschaft mit Christus. In der Eucharistie sind Christus, die individuelle Person und die Gemeinschaft der Gläubigen im gegenseitigen Wohlwollen vereint. Es ist zugleich der Ort an dem der Gläubige von Christus sich verwandeln lässt und anschliessend mit dem Empfang der Kommunion mit Christus sich innig vereint, und ihm nachfolgen will.

Der Abendmahlgottesdienst ist daher keine belehrende Religionsstunde. Es ist eine Zeit der Besinnung, um in Ruhe und Gelassenheit auf den anwesenden Heiligen Geist zu hören. In dieser Feier wird jeder Christ geistig vorbereitet, seine persönliche und ganze individuelle Lebensgestaltung nach dem Willen GOTTES zu verwirklichen, und er vertraut darauf, dass alle im Gottesdienst versammelten Mitmenschen das gleiche Ziel, nämlich die unendliche Liebe GOTTES vor Augen haben. Der Heilige Geist erfüllt die wachen und offenen Herzen der Gläubigen mit Freude und Zuversicht. In dieser Feierstunde vermag das festliche Ritual dem wachen Gläubigen individuell und persönlich die Gegenwart Christi subjektiv erlebbar zu machen, damit er von Christus verwandelt, anschliessend mit dem Heiligen Geist aktiv am Reich GOTTES mitarbeiten kann.

Diese Möglichkeit der intensiven spirituellen Verwandlung des Gläubigen unterscheidet das Abendmahl von allen andern Gebetsformen. Diese innere Wandlung von der egoistischen zur menschenfreundlichen Lebensform bietet Christus mit seiner Gegenwart in der Messe dem Gläubigen als Geschenk an. Die göttliche Liebe Christi trifft in diesem Gottesdienst das Herz des Betenden und ermöglicht ihm sein Leben mit der Kraft des Heiligen Geistes in der Form der wahren heilenden Nächstenliebe zu gestalten.

Die Zahl der Gläubigen ist normalerweise im Gottesdienst begrenzt. Das ist ein wichtiger Hinweis, denn die gelebte Nächstenliebe ist keine abstrakte Grösse, bzw. kein ideologischer Begriff. Liebe ist nur in konkreten Beziehungen möglich. Die Behauptung: *Ich liebe alle Menschen,* ist eine hohle Phrase, denn ich kann nur etwas lieben, das ich konkret auch kenne. Die echte und gelebte wahre Nächstenliebe ist auch kein ideologisches Prinzip. Im Abendmahl kann der Christ, weil er eine persönliche und lebendige Beziehung in der Liebe zu Christus gefunden hat, die Nähe GOTTES existenziell spüren. Nur wer die echte Liebe erfahren hat, kann anschliessend auch Liebe schenken.

Die Liebe ist eine rationale und eine gefühlte Erfahrung, die sich an den Willen der Person und nicht nur an das Gefühl richtet. Die menschliche Liebe ist ein gefühlter und gewollter Entscheid, denn im persönlichen Bewusstsein ist die Liebe für die Logik blind aber für das Gewissen sehend. Wer liebt hat „nur“ eine Gewissheit, aber kein sicheres Wissen. Der logische Verstand ermöglicht nur ein klares abstraktes Denken und ein begrenztes sicheres Denken. Allein die Erfahrung der Liebe macht die geistige Person innerlich froh und glücklich.

Die Liturgiereform in der Kirche hat ihr Ziel verfehlt, denn sie hat die Messe zu stark auf eine rationale und intellektuelle Form reduziert, und die spirituellen Gefühle der Menschen vernachlässigt. Die alte lateinische Messe verbreitete eine spezielle und auch aussergewöhnliche Atmosphäre. Die Gläubigen sahen nach vorn zum Altar, hörten berührende Gesänge, blickten auf die kostbaren Gewänder der Priester, verstanden die Sprache der Zelebranten nicht, achteten aber auf die Stille der Wandlung, die vielen Gedanken schweiften umher und das Herz nahm dabei die unsichtbare reale Gegenwart Christi wahr.

Gegen die vielen fremdgewordenen Zeremonien wandte sich der rationale Verstand vieler Christen, weil sie mit ihrem logischen Denken in den unverständlichen Ritualen keinen Weg zu GOTT wahrnehmen konnten.

Die neue sachliche Liturgie spricht nur noch den Verstand an, und die Besucher der Messe verloren dabei das Gespür für die reale Anwesenheit Christi. Man versteht inzwischen die GOTTS- und Nächstenliebe logisch und rational als moralische Prinzipien. In der Flut der vielen Worte wird die persönliche und existenzielle Liebe zu Christus nur noch beiläufig als eine Möglichkeit erwähnt. Aus der Liebe zu GOTT wird eine Abstraktion, und die Nächstenliebe wird als eine Pflicht betrachtet. Die Messe wird zu einer Stunde der Belehrung über das richtige ethische Verhalten. In diesem Gottesdienstmodell bestimmen Recht und Ordnung das menschliche Zusammenleben und im logischen Denken über die richtige Ethik und die passende Ordnung wird die Gottesliebe unwichtig.

Die Botschaft Christi über die GOTTES- und Nächstenliebe ist tatsächlich keine Belehrung, keine sachliche Ideologie und auch keine universale Heilslehre. Die

Liebe ist immer ein Akt der persönlichen Freiheit, und sie bezieht sich stets auf eine konkrete Situation. Im Übrigen ist auch die menschliche Freiheit nur ein Entscheid in konkreten Fällen. Doch im modernen Sprachgebrauch werden der freie Wille und die Nächstenliebe ideologisch als fundamentale Menschenrechte verstanden, die eine politische Gesellschaft gewährt, bzw. einfordert.

Die Nächstenliebe ist jetzt eine Plicht und die Freiheit ein Grundrecht. Damit wird die Freiheit unwillkürlich zum Grundprinzip des Egoismus: *Ich kann machen, was ich will.* Diese Ansicht widerspricht der Botschaft Christi.

Die menschliche Freiheit ist ein Geschenk GOTTES, und sie braucht einen Raum des Wohlwollens und der Liebe. Diese Deutung der Freiheit wird heute nicht mehr verstanden, weil man längst die universale Freiheit ohne jeden Bezug zu GOTT für sich beansprucht.

Um die Liebe im Reich GOTTES zu verwirklichen, ist ein überschaubares Umfeld notwendig. Der Gläubige braucht in der Nachfolge Christi einen begrenzten freien gesellschaftlichen Lebensraum, damit er sein Leben aus der Kraft der Nächstenliebe konkret gestalten kann. Die Pfarrei ist ein passendes Umfeld, um mit Christus in der menschlichen Gemeinschaft das Reich GOTTES erlebbar zu machen. Das wird in der modernen pastoralen Seelsorge gerne übersehen, denn man hat nicht mehr die Gläubigen in ihrer persönlichen Suche nach der Gegenwart GOTTES vor Augen, weil man nur noch die dogmatische Lehre von der universalen Einheit der Kirche im Blickfeld hat. Das Kirchenrecht allein wird als Mass für das Leben in der Pfarrei angenommen, denn an das Recht müssen sich alle Gläubigen halten.

Christus hat kein universales Gottesreich gepredigt, dem alle Menschen beitreten müssen. Die Liebe ist immer freiwillig, denn kein Mensch muss GOTT und die Mitmenschen lieben. Im Reich GOTTES sind alle jene Menschen, die freiwillig Christus nachfolgen in konkreten Gemeinschaften versammelt, denn die Vision Christi vom Reich GOTTES ist stets auf die konkrete Umwelt ausgerichtet. Dabei ist leider im Lauf der Zeit die ursprüngliche spirituelle Einheit der vielen christlichen Gemeinschaften zerfallen, weil der Blick von der Liebe zur Lehre und vom Wohlwollen auf das Recht verschoben wurde. Die abstrakte lieblose Vorstellung einer in der Lehre vereinten Universalkirche trübt den Blick auf das wahre Reich GOTTES.

Das Reich GOTTES ist kein ideologischer Verein, der in viele Gruppen zerfallen ist, sondern eine durchgeistigte spirituelle Bewegung. Die neue ökumenische Bewegung hat die fundamentale Spaltung der spirituellen Einheit als einen Skandal aufgegriffen, und möchte das Problem lösen. Der nach dem Weltkrieg gegründete Weltkirchenrat versucht mit wenig Erfolg die gegensätzlichen Ansichten unter den Kirchen zu vereinen. Alle Christen sollten wieder spirituell im Heiligen Geist vereint eine brüderliche Gemeinschaft bilden. Diese wahre brüderliche Lebensweise der Christen formt und gestaltet z. B. ganz konkret die

Gemeinschaft von Taizé. Das visionäre Reich GOTTES wird in dieser Gemeinschaft sichtbar. Der spirituelle Geist von Taizé hat allerdings die vielen grossen Gemeinschaften noch nicht erfasst.

Das aktuelle Amtsverständnis hat dem visionären Urbild der Kirche als das vereinte Reich GOTTES noch nicht sich angenähert. Noch heute versteht die katholische Kirche sich selbst als die eine und einzige wahre universale weltumspannende Gemeinschaft Christi mit einer unabänderlichen ewigen dogmatischen Lehre. Diese dogmatische Lehre als ein ideologische Prinzip verstanden, trennt allerdings die Kirche von der Vision Christi, welche die Liebe GOTTES in das Zentrum der Gemeinschaft setzt.

Die Liebe kann nie als ein Prinzip erklärt und autoritär verwaltet werden. In ihrem aktuellen Umgang mit den Gläubigen übersieht die Kirchenleitung ständig diese zentrale Wahrheit. Sie versucht nicht mehr im Geiste Christi die Gläubigen zu stärken, denn sie fordert von allen Menschen nur noch Gehorsam gegenüber ihren Weisungen. Die autoritären Vorschriften reduzieren die persönlichen Beziehungen zu Christus auf eine gebotene Pflicht und sie zerstören die spontane Liebe. Unverstandene Gebote, Vorschriften und Gesetze töten eine lebendige Gemeinschaft. Jede wahre kirchliche Anweisung muss stets im Geiste der Liebe die Herzen der Gläubigen berühren.

Das Reich GOTTES, bzw. die Kirche beruht auch nicht auf einem geordneten Gesellschaftsvertrag zwischen dem bevollmächtigten Klerus und den folgsamen Laien. Der Gehorsam wird dabei als ein abstraktes Prinzip falsch eingesetzt, denn damit der Gehorsam immer erfüllt wird, ist der Zwang unausweichlich. In diesem Denkschema wird die Kirche zu einer autoritären Institution, die mit ihren klerikalen Beamten die Gläubigen zum verlangten Gehorsam zwingt. Dieses Denkmodell der Kirche stammt aus der Zeit der absolutistischen Herrscher, und verhindert gegenwärtig lieblos jede Reform.

Es fehlen in der katholischen Kirche die geweihten Priester. So wird einfach vorgeschrieben, dass Pfarreien wie in einem defizitären Wirtschaftsimperium fusioniert werden, bzw. verschwinden, weil es immer weniger zölibatäre und bevollmächtigte Amtsträger gibt, die rechtmässig eine Feier des Abendmahls zelebrieren dürfen. Dieses profane Denkprinzip widerspricht der Aufforderung Christi, immer wieder in seiner Gegenwart das Abendmahl zu feiern.

Die Kirche gründet auf dem Wirken des Heiligen Geistes, der allen Gläubigen geschenkt wird und nicht auf einem klerikalen Prinzip. Die wahre Gemeinschaft der Christen wird vom Heiligen Geist, von Wohlwollen und Liebe, aber nicht wie eine politische Gesellschaft von Ordnung und Zwang bestimmt. Geeigneten Männern und Frauen prinzipiell die Weihen vorzuenthalten ist daher eine grobe Lieblosigkeit, die konsequent die wunderbare Verheissung der Gegenwart Christi im Abendmahl verhindert.

Das Reich GOTTES kann nicht mit dem Kirchenrecht geschaffen werden. Vorschriften und Gesetze sind nicht einfach richtig und gut. Der urmenschliche Wunsch nach gerechten Ordnungen wird erst durch die Nächstenliebe erfüllt. Die Liebe hat grundsätzlich nichts mit den Gesetzen zu tun, aber sie kann die Mängel in den Gesetzen überwinden. Nur mit der Liebe wird das vom Gesetz angezielte Gute in Wahrheit erfüllt. Die gute Gerechtigkeit und die echte Liebe müssen in der Gemeinschaft der Christen harmonisch sich ergänzen gemäss der visionären Sicht Christi auf das Reich GOTTES. Diese Tatsache wird von den Amtsträgern leichtfertig übersehen, die auf Ordnung und Gesetz vertrauen aber nicht auf den Heiligen Geist hören.

In Wahrheit sind die wahren spirituellen Lenker der Kirche, nicht einfach die Amtsträger, sondern die vom Heiligen Geist erfüllten heiligmässigen Menschen. Sie haben immer wieder die Kirche wohlwollend reformieren können. Nur die Liebe erfüllt die Gerechtigkeit. Im Geist der Liebe können die priesterlichen Weihen folglich allen vom Heiligen Geist erfüllten Personen geschenkt werden, denn ohne die verheissene Gegenwart Christi im Abendmahl feiern zu dürfen, stirbt die christliche Gemeinde. In Wahrheit bestimmt der Heilige Geist, nicht das Kirchenrecht, wer ein kirchliches Amt übernehmen darf.

Wenn jemand mich liebt, wird er an meinem Wort festhalten; mein Vater wird ihn lieben, und wir werden zu ihm kommen und bei ihm wohnen" (Joh 14,23).

Der Christ gestaltet sein Leben im Geiste Christi. Die christliche Lebensweise ist keine ideologische Vision, auch keine fromme Spekulation oder ein blinder Glaube. Wie Christus haben die vielen Heiligen der Kirche in ihrem Leben das Gute gesucht, wohlwollende Liebe ausgestrahlt und wunderbare Werke der Nächstenliebe vollbracht. Der Christ lebt aus der von Christus verheissenen Kraft des Heiligen Geistes, der dem Gläubigen Mut, Zuversicht und echte Lebensfreude schenkt. Eine solche wohlwollende und menschenfreundliche Lebensweise bleibt für die Gläubigen ohne die göttliche Hilfe unerreichbar.

Das Christentum beruht auch nicht auf den überlieferten schriftlichen Texten und von überholten Lebensformen. Der Christ hat vielmehr in Christus einen spirituellen Freund gefunden, und er möchte mit ihm zusammen sein Leben im Geiste der wohlwollenden Liebe zu GOTT, den Mitmenschen und der Umwelt gestalten. Der Christ lebt nicht für sich; er lebt mit Christus für das Reich GOTTES. Für ihn sind der Glaube, die Hoffnung und die Liebe fundamentale Tugenden. Das Reich GOTTES ist keine politische Arena für Machtmenschen.

Die Wahrheit und die christlichen Tugenden werden von profanen Politikern jederzeit der eigenen Machtvergrösserung geopfert. Der eigene Vorteil ist das einzige Ziel vieler Politiker geworden. Mit der ideologischen Rede des Politikers Trump z. B. *„Amerika first"* hat dieser Mann nicht Amerika, sondern sich selbst gemeint. Alle Tyrannen suchen in der Politik nur ihren eigenen Vorteil. Um an der Macht zu bleiben wird jede Bosheit und jedes Verbrechen als notwendig dargestellt. Der bösartige Krieg gegen die Ukraine ist ein Musterbeispiel wie Putin als ein angeblicher Christ lügt und in seiner Verlogenheit behauptet, dass er jetzt die unabhängige Ukraine von den Nazis befreien müsse. Eine naive Volksmasse, die nur an ihr Wohl denkt, unterstützt diesen bösartigen Angriff. In der christlichen Überlieferung muss die Macht mit Wohlwollen erfüllt und von der Liebe ausgeübt werden. Ohne die Liebe und das Wohlwollen wird jede Macht sehr schnell missbraucht und bösartig.

In der christlichen Tradition sucht der Gläubige ausschliesslich die geistige Nachfolge Christi, denn er will bewusst sein eigenes Leben nach der Denk- und Handlungsweise des Auferstandenen Jesus von Nazareth verwirklichen. Er vertraut der in den Evangelien überlieferten Botschaft Christi und er glaubt an die geoffenbarte bedingungslose göttliche Liebe, die jeder Person die grosse übermenschliche Kraft gibt, ihr individuelles Leben auch wohlwollend und menschenfreundlich zu gestalten. So betrachtet wird der Christ Mitglied einer wunderbaren Gemeinschaft zwischen GOTT und den Menschen, und er will aus Überzeugung in dem von Christus verheissenen Reich GOTTES leben.

Das Beten

Das Gebet ist die persönliche geistige Beziehung zur unfassbaren göttlichen Wirklichkeit.

In jedem Gebet dankt der Christ für sein Leben und er will bewusst mit der Kraft der geschenkten göttlichen Liebe sein Leben gestalten.

Dem Gebet wird zu schnell keine verändernde oder gar heilende Kraft mehr zugetraut. Die Menschen schwören heute auf das logische Wissen und sie haben kein echtes religiöses Vertrauen in die heilende Kraft der Gebete. Die göttliche Wirklichkeit wird nicht mehr wahrgenommen. Ein profanes Denken mit dem Kopf hat das religiöse Gespür des Herzens verdrängt. In der modernen nachchristlichen Lebensweise der Menschen sind auch die vielen öffentlichen und privaten Gebetszeiten aus dem Alltag verschwunden. Ohne das dankbare Vertrauen in die Liebe GOTTES stirbt der Glaube an die Kraft des Gebetes.

Im langen Prozess der individuellen Bewusstwerdung wird der nachdenkenden Person ihre grosse Beschränktheit in der eigenen Erkenntnis immer mehr bewusst. Um sich selbst in der Wirklichkeit zu verstehen, ruft die Person die Umwelt um Beistand und Hilfe an, denn sie will richtig und vernünftig, materiell und spirituell auf dieser Welt leben. Das Gebet ist der Urschrei des Menschen und zugleich eine Zwiesprache der geistigen Person mit dem „Unfassbaren"; ein Dialog mit dem verborgenen Schöpfer der wunderbaren Wirklichkeit. Das Leben ist mühsam und der Mensch ist auf Hilfe angewiesen Das Denken öffnet einerseits der Person die unendliche Weiten der Welt und anderseits eröffnet das Nachdenken auch den Zugang zur göttlichen Wirklichkeit.

Der vernunftbegabte Mensch lebt als eine denkende Person in zwei Welten, nämlich in der Welt der fassbaren materiellen Wirklichkeit und in der Welt der unfassbaren geistigen Möglichkeiten. Die Wirklichkeit und die Möglichkeit sind in der ständig sich verändernden und wachsenden eigenen Lebenserfahrung eng verwoben. Die Möglichkeiten erscheinen unendlich offen aber gleichzeitig ist die Lebenswirklichkeit eng begrenzt. Unbekannte Möglichkeiten können plötzlich im Leben verwirklicht werden oder endgültig verschwinden. Ohne überraschende und gute Erfahrungen kann der Mensch in der oft düsteren Wirklichkeit des Lebens spirituell nicht überleben. Eine grosse Überraschung im Leben kann daher eine erlebte persönliche Wahrnehmung der realen göttlichen Wirklichkeit werden. Diese Erfahrung lenkt das Bewusstsein zum Dankgebet.

Dank der geistigen Offenheit kann die denkende Person in der existierenden Welt, das Unfassbare, bzw. GOTT als gute umfassende Realität geistig klar sich vorstellen. Für die gläubigen Christen ist die Wahrnehmung GOTTES kein philosophisches Konstrukt, bzw. bloss eine reine Möglichkeit, sondern die reale, unfassbare, und zugleich allesumfassende Wirklichkeit. Der Gläubige kann GOTT im Bewusstsein mit seiner Fähigkeit zur Liebe individuell wahrnehmen, denn das persönliche Bewusstsein kann zwar nicht GOTT selbst, aber die göttlichen Werke der Liebe intensiv erleben und auch vernünftig begreifen.

Das Gebet zum „Unfassbaren“

Dabei bleibt GOTT allerdings für den Verstand des Menschen weiterhin unzugänglich fern, unfassbar gross und unergründlich tief. Mit dem Wort GOTT umkreist der Gläubige in Wahrheit nur vage die Erfahrung der göttlichen Hilfe, denn der Verstand bezeichnet mit den Wörtern nur begrenzte, bzw. fassbare Objekte. Eine echte göttliche Berührung erweist sich als Lebenshilfe.

Das Gebet ist eine Hinwendung des Menschen vom Sichtbaren zum Unsichtbaren. Im geistigen Erkenntnisprozess der göttlichen Wirklichkeit ist bereits das verwendete Wort GOTT eine unzulässige Reduktion. Das grosse „Unfassbare“ wird als fassbar verkürzt interpretiert. Folglich ist z. B. jede weitere Rede von einem männlichen, bzw. weiblichen Gott geradezu lächerlich. In solchen Reden werden nur menschliche Probleme in die Gottheit projiziert, aber nicht von GOTT gesprochen. GOTT ist und bleibt ewig das „Unfassbare“, ein Geheimnis, wie im Übrigen auch die ganze reale Wirklichkeit als eine grosse unfassbare Chiffre im Bewusstsein der individuellen Person erfahren wird. Keine rationale Aufklärung erklärt GOTT und die Welt wirklich. Das menschliche Bewusstsein kann mit den Sinnen und dem abstrakten Denken der sichtbaren und der realen unsichtbaren (göttlichen) Wirklichkeit nur sich annähern.

Das menschliche Bewusstsein erkennt sich selbst und die Welt nur mit der Wahrscheinlichkeit und nicht als ein sicheres Wissen. Alle religiösen Begriffe sind daher auch nur Annäherungen an die Wahrnehmung der göttlichen Wirklichkeit Diese Annäherungen geben den Gläubigen zugleich brauchbare Hinweise für die Gestaltung eines vernünftigen und sinnvollen menschlichen Lebens auf dieser geheimnisvollen und wunderbaren Erde. Mit einer grossen Wahrscheinlichkeit ist deshalb die klare religiöse Aussage richtig: Wer das „Unfassbare", bzw. GOTT liebt, lebt vernünftig und gut. Das lässt sich auch vernünftig begründen, denn GOTT wird als persönliche Lebenskraft erfahren.

Um in der grossen Welt als eine erwachte geistige Person richtig zu leben, muss jeder Mensch mit der Erschaffung der Welt und des eigenen Daseins sich gründlich auseinandersetzen und existenziell mit dem Ursprung allen Seins sich befassen. Der Verstand kann die Möglichkeit der schöpferischen Existenz GOTTES logisch und klar erkennen, aber nur das wache geistige Bewusstsein. der individuellen Person kann GOTT auch als die „umfassende, wahre helfende reale Wirklichkeit" wie die Liebe sinnlich und existenziell spüren und erfahren.

Am Anfang jeder Einsicht in die vorliegende Welt steht das persönliche Staunen über die geschaffene Wirklichkeit, die das eigene Bewusstsein mit grosser Dankbarkeit erfüllt und zuletzt die geistige Person zur staunenden Anbetung des Schöpfers dieser Welt drängt. Im staunenden Blick auf die Schöpfung wird das „Unfassbare", bzw. GOTT dem Bewusstsein sinnlich zugänglich. Durch die bewusste Annahme der realen Existenz GOTTES wird für die Person die wahre Verehrung und Anbetung GOTTES erst möglich und sinnvoll. Der staunende Mensch will mit seinem religiösen Verständnis GOTT für sein individuelles Leben auf dieser Welt danken. Daher ist die erste bewusste Hinwendung der geistigen Person zu GOTT ein Dankgebet. Dann erst folgen die Bittgebete.

Die Hinwendung der Person zu GOTT geschieht also in Dank- und Bittgebeten, denn das ungewisse verletzliche menschliche Leben wird neben dem Dank auch von vielen Bitten geprägt. Der Mensch ist sein ganzes Leben lang auf Hilfe angewiesen, und das Ich kann sich nur gut verwirklichen, wenn ihm immer wieder geholfen wird. Der Gläubige vertraut daher auf die reale und mögliche Hilfe aus der unsichtbaren Wirklichkeit. Der Glaube, wie Christus von GOTT dachte und zu IHM betete, deutet vernünftig und gut, wie die unsichtbare göttliche Wirklichkeit der menschlichen Existenz hilft

GOTT wird zeitlos in der Liebe, im Guten, und in der Schönheit dankbar und passiv von der denkenden und vertrauenden geistigen Person als der wahre mögliche Urgrund allen Seins angenommen. Der Christ soll sich daher immer wieder GOTT zuwenden. Dabei ist der Christ sich stets bewusst, dass GOTT für ihn unfassbar und unbeschreiblich bleibt. Aus der göttlichen Liebe geboren, hat GOTT den Menschen den freien Willen zur persönlichen Lebensgestaltung geschenkt. Das Gute ist auf dieser Erde nur möglich, wenn die Menschen sich GOTT zuwenden, das Gute suchen, und es auch persönlich realisieren wollen. Die geistige Grundlage für jedes Gebet ist immer: Die Suche nach dem Guten.

„Wir erkennen klar, worin unser Heil oder unsere Glückseligkeit oder Freiheit besteht, nämlich in beständiger und ewiger Liebe zu Gott oder in der Liebe Gottes zu den Menschen“ (Baruch Spinoza).

Christus zeigt im Gebet des Vaterunsers auch eine sinnvolle Denkweise für alle Menschen auf. Beten heisst für das Wunder des eigenen Lebens zu danken, dem göttlichen Beistand zu vertrauen, und als Geschöpf der göttlichen Liebe nach dem Willen des Schöpfers auch der Welt und den Mitmenschen Wohlwollen und Güte schenken.

Das Vaterunser

Das Gebet Christi beginnt mit der Anrufung GOTTES als Vater. Mit dem traditionellen christlichen Begriff Gottvater wird auf die allumfassende göttliche Liebe in der Schöpfung hingewiesen, die den Menschen das Leben ermöglicht, und allen geistigen Personen Kraft und Lebensfreude schenkt. Mit dem Himmel ist der göttliche Raum, bzw. das „Alles in Allem“, gemeint, von dem alles Sein kommt und zu dem alles Sein geht. Vom „Himmel“ kommt das Gute und die Befolgung des göttlichen Willens sorgt dafür, dass überall das Gute sich auch verwirklichen kann. GOTT ist der Geber aller Gaben, und der Gläubige vertraut der lebenspendenden göttlichen Hilfe. In diesem Denkmodell geht das eigene sichtbare körperliche und individuelle Bewusstsein im Sterben in die Ewigkeit der Auferstehung zum „Unsichtbaren“ zurück und die geistige Person wird im Tod nicht endgültig vernichtet. Der gläubige Mensch ist vom Himmel umgeben. Der Himmel umfasst das Gute, das Schöne, das Wahre, das Wohlwollen und: *Das unfassbare Wunder des eigenen und persönlichen Dasein auf dieser Welt.*

Das Wohlwollen, die Liebe und das Gute sind unteilbar verbunden, und sie werden allein in der menschlichen Freiheit realisiert. Das Gute hat immer einen wohlwollenden und spirituellen Aspekt und ist daher viel mehr als ein greifbares materielles Objekt. Im Bewusstsein hat der Mensch eine grosse individuelle Freiheit denn er kann sich dem Guten verweigern und bewusst das Schädliche denken, bzw. das Böse tun. Die geistige Person ist ein freies Subjekt und kein starres Objekt, das gezwungen ist, den vorgegebenen Umständen zu folgen.

Das persönliche Selbstbewusstsein ist sich stets seiner Freiheit bewusst und weiss, dass es dem göttlichen Willen zur wahren Nächstenliebe nicht befolgen muss. Die geistige Person ist ein unabhängiges Subjekt, das eine persönliche Sicht auf Wirklichkeit hat, beschränkte Möglichkeiten besitzt, Objekte benützt oder wegsteckt, Hilfen annimmt oder ablehnt und den Mitmenschen Beistand gewähren oder verweigern kann. Die freie und denkende Person kann immer individuell die geistigen Ideen und die materiellen Güter zum Guten gebrauchen oder zum Bösen missbrauchen. Der Mensch hat die Möglichkeit ichbezogen, überheblich und selbstherrlich sich zu verhalten, und er kann in seinem Herzen das echte Wohlwollen und die hilfsbereite Nächstenliebe abtöten. In diesem Zustand kann kein Mensch wirklich GOTT vertrauen und mit IHM reden, weil er immer nur mit sich selbst redet.

Die menschliche Freiheit scheint auf den ersten Blick der göttlichen Allmacht zu widersprechen. Aber eine Allmacht in der die Menschen immer alles, was GOTT will, machen müssen, degradiert die Menschen zu völlig willenlosen Objekten in einer starren funktionierenden Weltmechanik. Der freie Wille ist ein grossartiges Geschenk in der Schöpfung des Menschen und diese Freiheit bietet der menschlichen Person eine relative aber konkrete Mitarbeit innerhalb der schöpferischen Allmacht GOTTES an. Die Menschheit kann also die Schöpfung mitgestalten; sie zum Guten lenken oder mit Bosheit zerstören.

In der Zwiesprache mit GOTT bittet der Mensch um Klarheit, damit er in seinem Leben das richtige Denken und das gute Handeln findet. Das wird sehr klar und deutlich im Vaterunser-Gebet Christi ausgedrückt. Die Bitten im Vaterunser beziehen sich auf die Lösungen der zwei menschlichen Grundprobleme; wie die persönliche Selbstwahrnehmung richtig zu deuten ist, und wie die Menschen miteinander angemessen umgehen sollen. Das Vaterunser ruft die Person auf, sie soll sich als Geschöpf der unendlichen Liebe GOTTES zuwenden, d.h. GOTT wie einen Vater lieben, und dem göttlichen Willen entsprechend mit allen Geschöpfen auf dieser Welt auch liebend und wohlwollend umgehen.

Das grösste Problem aller Menschen ist die lebensnotwendige Ernährung. Das tägliche Brot ist zuerst ein Geschenk GOTTES, aber diese Gabe muss der Mensch mühsam bearbeiten und auch gerecht verteilen. Werden die Früchte der Natur nur noch als Produkte der Erzeuger betrachtet, können die Besitzer über ihre Waren frei verfügen. Die Bürger fühlen sich heute verpflichtet ihrem Eigennutz zu folgen. Daher werden Nahrungsmittel nur noch wie Handelswaren verwertet und nicht länger als Gaben GOTTES verstanden. In der säkularen Gesellschaft prägt eine profane willkürliche Machtpolitik die Ernährung der Weltbevölkerung und im Streit um die Nahrung unterliegen immer wieder die Gerechtigkeit und die Nächstenliebe. *Man nimmt einfach alles, was möglich ist!*

Trotz dem erweiterten Wissen und dem ungeheuren technischen Fortschritt ist es ist der Menschheit bis heute nicht gelungen die bittere Armut und den realen Hunger auf dieser Welt zu überwinden. Egoismus, Streit, Unrecht, Krieg und Bosheit verhindern die notwendige spontane mitmenschliche Hilfe. Immer wieder zerstört das böse Verhalten das gute mitmenschliche Handeln. Auf sich allein gestellt, sind die Menschen offensichtlich völlig unfähig die schwierigen zwischenmenschlichen Probleme vernünftig und sinnvoll zu lösen. Auch die klugen Menschen können allein, und ohne die wahre liebende göttliche Hilfe das notwendige Gute im menschlichen Zusammenleben nicht verwirklichen.

Wenn die Menschen dem Willen GOTTES folgen, werden sie von Liebe erfüllt, und sie werden befähigt einander Gutes zu tun. Bereitwillig teilen sie die geistigen Ideen und die materiellen Güter; sie werden geneigt einander immer wieder zu trösten und materiell zu helfen, und sie sind miteinander fähig auf dieser Welt immer wieder den Hunger zu überwinden. Mit der Kraft der echten Liebe werden sie sogar stark genug in der schwierigen Welt, trotz aller Bosheit, in Liebe einander zu ertragen und sich gegenseitig zu verzeihen. Ohne diesen Rückhalt in der göttlichen Liebe bleibt die Menschheit unfähig das grosse Verlangen nach materieller Gleichheit und menschlicher Gerechtigkeit erträglich zu verwirklichen. Jeder Friede ist schnell gebrochen, wenn aus Angst das eigene Überleben in Frage gestellt wird. Ohne Vertrauen in den göttlichen Beistand wird die Angst im Bewusstsein der Menschen zu einer Übermacht.

Die Angst kann allgegenwärtig und übermächtig werden. Der Blick auf das menschliche Verhalten löst ebenfalls Furcht und Angst aus. Ein verängstigtes Denken macht jedes Leben schwer, weil die rationale Logik mit dem Verstand überall den ständigen Niedergang und die endgültige Vernichtung allen Seins sehen kann. Die menschliche Bosheit ist zudem zu allen Zeiten gegenwärtig und sie drängt die Menschen immer wieder zu Verbrechen, in sinnlose Zerstörungen und zur Verzweiflung. Sogar die intelligente Person verhält sich mit ihrer gefühlten Angst anschliessend auch destruktiv, weil sie nicht mehr an das Gute glauben kann, und sie sucht zwanghaft nach Lösungen.

Die Angst macht die Menschen misstrauisch und aggressiv!

Von der Angst, der Missgunst, der Ungerechtigkeit und von der Bosheit auf dieser Welt erlösen kann sich die geistige Person nur, wenn sie bereit ist, der wohlwollenden Fürsorge GOTTES zu vertrauen, und ihr ganzes Denken und Handeln auf der hilfsbereiten göttlichen Liebe aufbaut, wie es Christus tat. Das Vaterunser ist also eine Bitte an die unfassbare Liebe GOTTES und ein Aufruf im Geiste der Gottesliebe an sich selbst mit der echten Nächstenliebe das eigene Leben zu verwirklichen. Wer das Gute tut, d.h. den Willen GOTTES erfüllt, erfährt mit seinen Sinnen eine unerklärliche Freude. Nicht der logische Verstand kann also GOTT wirklich erkennen, sondern allein das wache und wohlwollende Bewusstsein der Person, denn wenn der Mensch GOTT vertraut, erfährt er subjektiv echte persönliche Zuversicht, eine wahre Lebensfreude, und er überwindet die eigene existenzielle Angst.

Der Glaube, der Mensch sei von Natur aus gut, ist nur eine Wunschvorstellung. Überall grinst das Böse. Niemand ist unschuldig. Die Vergebung der Schuld ist das grösste Problem unter den Menschen, weil das erlittene Unrecht mit keiner menschlichen Gerechtigkeit aufgehoben wird. Nach jedem Unrecht sitzen die Menschen auf einem Scherbenhaufen. Das böse Unheil kann nicht rückgängig gemacht werden. Strafen und Bussen machen das Unrecht nicht recht und nicht wieder gut. Die Vergeltung wiegt das begangene Böse nie auf, und jede

Rache schafft nur neue Bosheiten. Um sich scheinbar vom Bösen zu befreien, pflegen die Menschen mit den Opferkulten nur ihre Illusionen weiter.

Die echte Vergebung zu schenken, ist ein übermenschlicher Akt der Demut und der individuellen Selbstentäusserung, der nur selten gelingt. Im Bereich von Schuld und Vergebung ist jeder Mensch auf Hilfe angewiesen. Da wird das gläubige Vertrauen und die Gewissheit eine von GOTT geliebte Person zu sein, um im Leid als ein fühlender Mensch fähig zu werden, den schuldigen Mitmenschen vergeben zu können, zu einer übermenschliche Hilfe.

Der beliebte Spruch: *Ich habe ihm vergeben, aber vergessen kann ich die Bosheit nie,* widerruft in Wahrheit die echte Vergebung. Der Kopf spricht vordergründig die Vergebung aus, aber das Herz bleibt verhärtet. Die erfolgten Bosheiten lösen sich auch nie von selbst auf. Die Bosheit des Täters vergiftet das Denken und Fühlen der Opfer, die oft später unbewusst auch die Bosheiten wiederholen werden. Das Gute zu tun ist relativ einfach, doch Bosheit und das Unrecht wie Christus zu erleiden, ohne selbst böse zu werden, kann niemand ohne göttliche Hilfe. Den christlichen Märtyrer ist dieser Sieg der Liebe über die menschliche Bosheit gelungen. Darum werden sie von den Christen verehrt.

Die betende Denkweise, die Christus lehrte, bietet indem sie dem Willen GOTTES folgt auch eine sinnvolle und gute Lebensweise an, die allerdings hohe Anforderungen an die Gläubigen stellt. Der Gläubige muss nach der wohlwollenden Gerechtigkeit suchen, und fähig werden die Bosheit zu ertragen ohne sich selbst mit dem Bösen zu vergiften. Wie Christus in der Bergpredigt lehrte, kann der Mensch nur mit GOTTES Hilfe die hohen Anforderungen der Nächstenliebe erfüllen. Daher ist das Beten des Vaterunsers so wichtig. Im Gebet integriert der Gläubige das Unsichtbare in das Sichtbare, und er erfährt dabei wunderbare Kraft und Stärke.

Die Bergpredigt

Der Gläubige versteht die Bergpredigt Christi nur, wenn er der unsichtbaren Kraft der göttlichen Liebe vertraut.

In der Bergpredigt ist der zentrale Kern der Frohen Botschaft Christi enthalten. Diese Predigt ist einerseits wunderbar und anderseits völlig weltfremd. Mit dem rationalen Verstand ist die radikale Forderung Christi schwer zu verstehen:

„Liebt eure Feinde; tut denen Gutes, die euch hassen, Segnet die, die euch verfluchen, betet für die, die euch misshandeln“......(Lk 6.27f).

Im Wesentlichen verlangt Christus in dieser Rede, das Unmögliche möglich zu machen. Viele Christen sind ratlos, und sie können die Bergpredigt nicht verstehen. Sie sehen in den Forderungen Christi unvernünftige Ziele, die sie mit ihrem logischen Denken gar nie erreichen wollen. Manche Christen halten diese Reden einfach für typische Übertreibungen, die den orientalischen Redeweisen entsprechen, wie z. B. *„Eher geht ein Kamel durch ein Nadelöhr, als...“* Deshalb reduzieren sie die schwierigen Aussagen Christi auf ihre eigenen rationalen und vernünftigen Vorstellungen. Die Worte und die Wunder Christi werden von andern kritischen Forschern einer mythischen oder symbolischen Denkweise zugeordnet. Wer in den Worten Christi allgemeine und zwingende wörtliche Ermahnungen, Gebote und Verbote sieht, versteht die Bergpredigt ebenfalls nicht korrekt. Mit der Logik können die Worte Christi nicht verstanden werden.

Christus sieht in der Liebe und nicht in der Logik die Grundlage des ethischen Verhaltens der Gläubigen. Die Liebe gelingt nur in echten Beziehungen und sie kann nie in ein allgemeines Gesetz gepresst werden. Alles, was aus Liebe geschieht, muss freiwillig erfolgen und von einer guten und wohlwollenden Absicht begleitet werden. Aus dieser Grundhaltung soll alles Denken und Handeln der Menschen gestaltet werden, lehrte Christus. Dann werden aus der wahren GOTTES-und Nächstenliebe reale und wunderbare Fakten entstehen. Vor diesem Hintergrund ist die Bergpredigt zu verstehen.

Die Wunder Christi und die Bergpredigt gehören zusammen. Die göttliche Liebe ermöglicht die Wunder und macht die Bergpredigt wahr. Wer allerdings die Liebe als abhängige physiologische und materielle Körperfunktion versteht, der kann auch nie an Wunder glauben. Das Wunder leugnen oder die Liebe als chemische Reaktion zu erklären sind in Wahrheit keine Erklärungen, sondern pseudowissenschaftliche Behauptungen. Wer immer gute und wahrscheinliche Möglichkeiten leugnet, deutet mit seiner beschränkten Logik die Wirklichkeit falsch, denn die Liebe ist in der realen Welt mächtiger als das abstrakte logische Bewusstsein der Menschen. Die wahre Liebe vollbringt Wunder.

Das Gute, das Wohlwollen, die Hingabe und die Liebe werden in konkreten und persönlichen Beziehungen zu bestimmten Mitmenschen verwirklicht. Das klare Bewusstsein kann vor allem in den konkreten und gewollten mitmenschlichen Beziehungen das Gute, die Liebe und das Wunderbare geistig und körperlich erleben und erfahren. Mit den Armen und Leidenden bezeichnet Christus nicht bestimmte Gruppe der Gesellschaft, die es ganz allgemein zu befreien gilt. Die Armen, die Hungernden, die Leidenden und die Trostlosen sind im Verständnis Christi keine Sozialfälle, die man beglücken muss. Die Bergpredigt ist daher auch keine allgemeine Anleitung für künftige Weltverbesserer oder für die Sozialarbeit. Die Bergpredigt ist vielmehr ein ganz konkreter Gewissensspiegel, der sich an das mitfühlende Herz und nicht an den logischen Verstand wendet: Wer in seinen persönlichen Beziehung zu den (leidenden) Mitmenschen die Liebe zu GOTT sucht, hilft, tröstet und wird zugleich glücklich!

Selig, ihr Armen, denn euch gehört das Reich GOTTES (Lk 6,20).

Das Gute, die Liebe und auch die Wunder werden im Bewusstsein der Person nur über wohlwollende Beziehungen verwirklicht. Christus hat seine Hilfe und seine Wunder nur angeboten und gewirkt, wenn er persönlich angefragt wurde, denn er war kein lauter Heilsverkünder oder billiger Wunderwirker. Er hat sich auch gewundert wie wenig Vertrauen die Menschen in eine echte Beziehung zu ihm gesteckt haben. Eine klare liebevolle und wohlwollende Haltung sollten die Menschen in ihrem Leben einnehmen, bevor sie denken und handeln. Auf diese Weise werden die vielen menschlichen Beziehungen einvernehmlich und gut realisiert und es gelingen sogar echte Wunder. Aus dieser wohlwollenden Denk- und Handlungsweise hat Christus sein Reden und Wirken verstanden.

In den jeweiligen konkreten Situationen soll der Christ sich genau vergewissern, was er jetzt aus Liebe tun kann, um dem Willen GOTTES, der die heilende Hilfe schenkt, zu entsprechen. Das setzt voraus, dass der Christ ein gutes Verhältnis zu Christus hat, in seinem Geiste handeln will, und an der Verwirklichung des Reiches GOTTES mitarbeiten möchte. Die Liebe bewirkt in den wohlwollenden menschlichen Beziehungen wahre Wunder. An der liebvollen Lebensweise der Heiligen kann die helfende Wunderkraft der Liebe ganz deutlich aufgezeigt werden, denn wer liebt, der heilt und bewirkt Wunder. Diese klare Vision will Christus dem Hörer seiner Bergpredigt verständlich machen.

Die Mitarbeit im Reiche GOTTES setzt immer eine persönliche wohlwollende und konkrete Grundeinstellung voraus. Christus verlangt von den Gläubigen nicht die Einhaltung von Geboten, sondern auf der Basis der Nächstenliebe in den konkreten Lebensumständen klare persönliche Gewissensentscheide, um das jeweils Richtige und Gute aus Liebe zu tun. Der Christ stützt seinen Glauben an GOTT auf die Liebe ab, nicht ein Gebot, und er handelt nach den ehrlichen und geprüften Entscheidungen seines Gewissens.

Sich und die Umwelt ehrlich zu erfassen erfordert von der geistigen Person viel Zeit und Mut. Das erlaubte z. B. dem Stauffenberg als Christ nach langen Diskussionen im Kreise seiner Freunde trotz dem Tötungsverbot das Attentat auf Hitler anzugehen.

Die Schwierigkeiten in der Wahrnehmung GOTTES

Der Weg zu GOTT eröffnet sich in der passiven Begegnung mit der Liebe GOTTES

Christus verlangt in der Bergpredigt von den Gläubigen das Gute in den konkreten Beziehungen zu suchen und zu tun. In seiner Vorstellung gelingt auf dieser Welt das Gute nur, wenn die Person sich intensiv GOTT zuwendet und GOTT mit dem Guten, dem Wahren, der Schönheit, der Lebensfreude und der Liebe verbinden kann.

Heute haben viele Menschen den Zugang zu GOTT verloren, denn sie leben in einer selbstbezogenen Gesellschaft, die ausschliesslich nach der eigenen idealen Selbstverwirklichung strebt. Die Menschen glauben an die Allmacht ihrer neuen Erfindungen und sie sind überzeugt, dass die Menschheit mit dem stetig wachsenden Wissen und mit der richtigen Technik mächtiger und auch glücklicher werde. Sie haben dank der erreichten Vollbeschäftigung in der industrialisierten Welt alle existenziellen Fragen über den Sinn ihres Daseins verdrängt. Sie meinen, dass sie für die Bewältigung ihres Alltages nur tüchtig sich anstrengen müssten, und dazu bräuchten sie keinen GOTT, dessen Existenz nicht einmal bewiesen sei. Diese Menschen glauben leichtfertig an ein kommendes menschliches Paradies, aber nicht mehr an die reale und alles umfassende Gegenwart der Liebe GOTTES im Leben der Menschen, denn die göttliche Wirklichkeit liegt abseits von ihrem geschäftigen Lebensweg.

Ganz anders denken die Fundamentalisten, wenn sie über Gott und die Welt reden. Sie halten Gott für allmächtig und allwissend. In ihrem Verständnis überwacht Gott mit seinen Augen alles Leben auf dieser Welt und Gott werde die Bösen sicher bestrafen. Dieses Konzept hat einen entscheidenden logischen Mangel, weil dieser Gott die Bestrafung der Bösen nicht sofort vollzieht, muss man fest daran glauben. Der Verweis auf die kommende Strafe in der Hölle ist wenig wirksam und deshalb übernehmen die Fundamentalisten wenn möglich selber die Bestrafung der Sünder vorweg. Dieser Weg zu einem strafenden GOTT ist ein Kurzschluss. Gott wird in diesem Denkmodell als der Vollstrecker der eigenen Wünsche gesehen.

Wiederum andere Menschen halten den Glauben an eine „höheren Macht" für möglich, aber sie haben keine echte Beziehung zu dieser Wirklichkeit. Sie verwechseln diese höhere Macht mit der Art von glücklichen oder unglücklichen Zufällen. Nur in der grössten Not ruft man nach einem Gott, der vielleicht hilft. Gott ist für diese skeptischen Menschen auf ihrem Lebensweg nur ein letzter Ausweg. Im Wohlstand kümmert die Menschen keine Gottesfrage, denn sie sind in der sich verändernden Gesellschaft allzeit beschäftigt, und sie lassen sich im Alltag gerne von den vielen schlauen Alphatieren der Kultur leiten. Allein die zerstrittene Gesellschaft bestimmt ihre „gute“ Selbstverwirklichung.

Klar und deutlich lehnen die Atheisten lautstark jeden Glauben an einen GOTT ab. Sie halten den Glauben der Christen für einen irrealen Wahn. Sie sind überzeugt, dass die Gläubigen ihren Verstand verloren hätten, die Realität nicht erkennen wollen und trügerischen Vorstellungen nachlaufen. Atheisten halten GOTT für ein Hirngespinst. Sie kritisieren das Fehlverhalten der Gläubigen, die autoritäre Kirchenstruktur, und die Heuchelei vieler Christen. Doch das grosse Defizit der Atheisten ist das Fehlen einer soliden Basis für ihre Kritik. Die laute Berufung auf die Humanität ist ein krasser Selbstbetrug, denn das Humane ist auch für jede Bosheit auf dieser Welt verantwortlich. Das Wissen gottloser Individuen ermöglicht jede Bosheit und verhindert kein Verbrechen. Der Atheist unterstellt das Humane in Wahrheit nur dem eigenen Egoismus und er denkt: *Ich kann machen, was immer ich will!* Nur sich selbst gegenüber ist der Atheist für sein Denken und Handeln verantwortlich, denn er hält sich für Gott.

Der atheistische Glaube, man müsse GOTT leugnen, damit man menschlich richtig lebe, ist unbegründet. Den grossen Beweis der Nichtexistenz GOTTES konnten die Atheisten zudem nie erbringen und deshalb ist ihr gnadenloser Kampf gegen das Christentum leiser geworden. Sie halten den Weg zu GOTT noch immer für unnütz, weil in ihrem Glauben GOTT den materiellen Wohlstand verhindert, und sie wenden sich heute einfach der nützlichen Welt zu. In der gegenwärtigen Wohlstandsgesellschaft ist der unausgesprochene Atheismus unglaublich gewachsen, weil die nach immer mehr Besitz strebende Mehrheit der Menschen nur noch den eigenen Wohlstand sucht. Man lebt gottlos und selbstzufrieden bis man stirbt.

Folglich muss man in einer gottlosen Welt, solange man lebt, alles was möglich und nützlich ist, ergreifen und nicht mehr begreifen. Diese moderne und sehr beliebte Geisteshaltung fördert eine oberflächliche Lebensweise. Die Person verirrt sich in einem Gestrüpp von vermeintlich sicherem Wissen, dass es in Wahrheit nicht gibt, denn das Individuum kann das angesammelte Wissen der Menschheit heute nicht mehr richtig verstehen. Längst ist das detaillierte und spezielle Wissen der Menschen auf eine unverständliche Masse angewachsen.

Alle benutzen jetzt ein Handy, doch wirklich verstehen, wie das aufgebaut ist, weiss der Nutzer nicht, und er kann dieses Instrument auch nicht herstellen. Das exakte Wissen über die genaue Bauweise kennt der Benutzer nicht. Allein mit einem funktionellen Wissen über den nützlichen Gebrauch der vorhandenen Apparaturen, bzw. vom technischen Können der industriellen Umwelt lebt heute das Individuum. Das persönliche Wissen des Menschen verkürzt sich in der modernen Welt auf das Ausnützen von Informationen. In dieser technischen Welt gibt es für Menschen keinen Weg zu GOTT. Es fehlt die Taste GOTT.

Weil man GOTT nicht benutzen kann, gibt es auch keine „Technik", wie der Mensch GOTT finden kann. Es gibt auch keine Meditationsweise, die das Bewusstsein sicher zu GOTT führt. Als reine Selbstspiegelungen bleiben alle unkritischen mystischen Naturerfahrungen im eigenen Bewusstsein haften. Solange die Menschen nur an sich glauben, können sie GOTT auch nicht wahrnehmen. Weder mit dem menschlichen Willen noch mit dem logischen Verstand führt ein sicherer Weg zu GOTT, der real existiert und der das eigene Bewusstsein übersteigt. Das Bewusstsein kann GOTT als Möglichkeit klar sich vorstellen, aber in der Realität muss GOTT dem Bewusstsein der Person sich offenbaren. GOTT kommt der geistigen Person, wenn sie es will, entgegen.

Der Weg, um GOTT zu erkennen geht für die Christen nicht vom logischen Verstand aus. GOTT wird individuell wie die Liebe konkret über die gefühlten Sinne erfahren, lehrt die christliche Tradition: *Bonum diffusivum sui* heisst: GOTT ist das sich verströmende Gute. Die wache geistige Person kann GOTT und die ganze Welt nur staunend als eine wunderbare Offenbarung der Güte und der Liebe verstehen. Das fällt den Menschen schwer, weil sie in der Beobachtung der Welt immer von sich selbst ausgehen und dann meinen, sie könnten über die Welt verfügen. Daher rät Christus den Jüngern, sie sollten umkehren und sich GOTT (in Erwartung) zu wenden. Der Weg zu GOTT ist für die Gläubigen eine offene Erwartung, um mit Christus die entgegenkommende göttliche Liebe zu erfahren.

„Da sagte Jesus zu ihm: Du sollst wieder sehen. Dein Glaube hat dir geholfen. Im gleichen Augenblick konnte er wieder sehen. Da pries er GOTT und folgte Jesus" (Lk 18,42.43).

Wie das Leben selbst wird GOTT grundsätzlich passiv erfahren. Bevor ich wurde, war und ist GOTT da. Auch meine ganze Lebenswelt wird mir gemacht. Wenn dieses ursprüngliche Bewusstsein mir fehlt, halte ich mich selbst für eine absolute Grösse, und es liege nur an mir, mich selbst zu verwirklichen.

So verstehen sich heute viele Menschen als Aktivisten, denn das moderne Denken wird von einer unglaublichen Ichverherrlichung geprägt. Die Menschen überschätzen sich, fühlen sich überlegen, und sie haben die natürliche Wertschätzung der ihnen geschenkten Umwelt völlig verloren. In dieser Weltanschauung wird Gott als eine unbedeutende Art Konkurrenz zum eigenen Ich gedacht und weggelassen, nach der Devise: *Das schaffe ich auch allein!*

Das Wesen aller Dinge wird im modernen Denken nur noch rational nach dem eigenen Nutzen bestimmt und bewertet. Nützlich ist aber nur Etwas, wenn man darüber sicher verfügen kann. Die reale Existenz GOTTES wird deshalb von allen Materialisten geleugnet und GOTT als nutzlos abgelehnt. Dabei verweist man auf den Gott der Christen, der auch tut nicht, was alle Menschen auf dieser Welt dringend brauchen: Sichere Hilfe und Wohlergehen. Die gesellschaftliche Lebensphilosophie dreht sich gegenwärtig ausschliesslich um die Frage, wie man auf der Welt schnell den eigenen Vorteil und den nützlichen Gewinn für sich selbst finden kann.

Mit dem alleinigen Glauben an das eigene Ich wird jeder Mensch gottlos.

Allein mit dem Verstand könne die Menschheit das Leben erfolgreich gestalten, verheisst der neue Glaube. Wird der materielle Wohlstand erreicht, werden die Menschen glücklich und auch zufrieden, verkündet der merkantile Zeitgeist unaufhörlich. Die gute Konkurrenz erfrische und belebe das Dasein, wird man belehrt. Doch diese Sicht ist eine Illusion, denn die rationale Suche nach dem Erfolg führt den gottlosen Verstand direkt in den erbitterten Kampf um Vorteile, Waren und Güter. Diese Weltanschauung fördert vor allem Neid und Missgunst, Habgier, Überheblichkeit und Minderwertigkeitskomplexe, etc.

„Alle Menschen suchen glücklich zu sein, selbst der, welcher hingeht, sich aufzuhängen" (B. Pascal).

In der Lebenswirklichkeit erfüllt der materielle Wohlstand die spirituellen Bedürfnisse der Menschen nach Güte, Frieden und Harmonie nie. Die geistige Person sucht den inneren Frieden mit sich und möchte auch den Frieden mit der Umwelt finden. Das ist ein gewünschtes Ideal, das unerfüllt bleibt, denn das Ich und die Menschen sind in Wirklichkeit ständig im Streit. Gleichheit, Freiheit, Gerechtigkeit, Frieden, etc. sind nur ideale und gewünschte Ziele, die man sucht; an die man glaubt, aber die man leider unter Menschen nie erreicht.

Immer und jederzeit ist die Menschheit chaotisch. uneins, zerstritten und in Unordnung. Überall tauchen ständig die benachteiligten Opfer auf, die verbittert Genugtuung fordern. Klagen und Anklagen beherrschen daher die öffentlichen Reden, denn Logik und Verstand können die Ungleichheiten zwischen den Menschen nicht ausgleichen und das Unrecht auch nie ungeschehen machen. Die Menschen können trotz den vielen idealen Zielen ihre Probleme selten friedlich lösen. Das Denken und Handeln der Menschen dreht sich nur im Kreis.

Ohne die Erfahrung der Liebe GOTTES bleibt das Leben trostlos.

Weder über den Nutzen noch über die menschlichen Ideale findet der Mensch einen Weg zu GOTT. GOTT wird in Wahrheit nicht in der Abstraktion erfunden, denn auf dem Lebensweg kann die Person GOTT real nur begegnen, wenn sie geistig offen und wach wird. Der Mensch steht nie über GOTT. Das Werk ist kleiner als sein Schöpfer. GOTT, der das „Allesumfassende" ist, kann in der Abstraktion auch von nichts abgetrennt werden, also nicht als Objekt oder Ideal gesehen werden. GOTT bleibt gedanklich ein absolutes Unikum, denn GOTT ist das „Absolute-Alles-in-Allem". Die existenzielle und reale Begegnung der Person mit der göttlichen Wirklichkeit ist daher immer eine überraschende und glückliche passive subjektive Erfahrung.

Der Mensch kann erst Etwas von GOTT real wahrnehmen, wenn er sich an die Erfahrung seiner eigenen Selbstwahrnehmung erinnert. Rückblickend kann ich mein „Ich“ geistig auch nicht in einzelne Teile zerlegen. Mein „Ich“ bleibt mir im Bewusstsein nur als eine unteilbare Einheit fassbar. Die vielen abgetrennten Einzelheiten von mir sind nicht mein „Ich“. Ich erfasse mich gedanklich gesehen zwiespältig; also wie ein teilbares Objekt und zugleich als unteilbares Subjekt. Ich glaube also nur, dass Ich und mein Bewusstsein identisch sind. GOTT und das Ich werden geistig und sinnlich wahrgenommen aber sie beide sind mir unerklärlich. Beide sind da, -anwesend-, ohne dass der logische Verstand weiss warum, und wie es dazu gekommen ist. Ich und GOTT bleiben dem Bewusstsein fassbar – unfassbar, d. h. unbegreiflich real.

GOTT als Subjekt kann ich nur subjektiv erfahren. Vor jeder Erkenntnis stehen meine realen Empfindungen. Ich kann mich selbst nicht umfassend verstehen aber als eine individuelle Ganzheit staunend wahrnehmen und als reale Person subjektiv erfahren, ohne dass ich weiss, wer ich bin, und wie ich zu mir selbst kam. Das Staunen und die Dankbarkeit sind die gefühlten Voraussetzungen, um mich als Person in der Wirklichkeit zu erkennen. Daher kann die geistige Person die göttliche Wirklichkeit im eigenen Dasein auch nur über die intuitive Deutung von sinnlichen Wahrnehmungen erfassen. GOTT offenbart sich mir subjektiv, sinnlich und konkret in der Erfahrung der unerklärlichen Lebensfreude und als Beglückung in den guten Werken, die ich tue. Ich denke nicht an GOTT, vielmehr denkt GOTT an mich und offenbart sich mir in der geschenkten realen Erfahrung seiner unerklärlichen und wunderbaren göttlichen Liebe.

Die zentrale Lebensaufgabe der geistigen Person kann nie mit der Aneignung von intellektuellen und sozialen Kompetenzen gelöst werden. Die wichtigste Aufgabe des Menschen ist es, dem Glaube, der Hoffnung und der Liebe zu vertrauen, und als Person spirituell sich zu öffnen, um die Lebensfreude als ein wunderbares Geschenk GOTTES zu erfahren und zu erleben. Diese Gabe GOTTES gibt dem eigenen Dasein auf dieser Welt Kraft, Würde und Sinn.

Eindrücklich schildert das Johannesevangelium diesen Weg zur Erfahrung GOTTES: In Christus und in seinen Werken kann der Gläubige GOTT real wahrnehmen, denn GOTT wird einer Person nur über die Liebe bewusst.

„Wer mich gesehen hat, hat den Vater gesehen“. „Glaubst du nicht, dass ich im Vater bin und dass der Vater in mir ist“ (Joh 14,9.10). *„Wenn jemand mich liebt, wird er an meinem Wort festhalten, mein Vater wird ihn lieben, und wir werden zu ihm kommen und bei ihm wohnen“* (14,23).

Die Liebe ereignet sich in einer passiven Begegnung mit dem „Unbekannten“. Die wahre Liebe kann ich nicht machen, ausser ich reduziere die Liebe auf eine nützliche und oberflächliche Befriedigung meiner Wünsche. In der wahren Liebe erlebe ich vielmehr eine neue noch unbekannte wunderbare Begegnung, die ich passiv und real erfahren darf. GOTT, der die wahre Liebe ist, kann daher nur auf diesem Weg einer überraschenden Begegnung erfahren und erkannt werden. Ich kann mich für eine Begegnung mit GOTT vorbereiten, indem ich mich geistig öffne und die eigene Lebenserfahrung richtig deute, aber ich weiss nicht, wann „ER" sich mir in konkreten Berührungen zeigt. Die Begegnung mit GOTT ist eine göttliche Offenbarung, die ich staunend als eine mich beglückende, reale und wunderbare Wahrnehmung erfahren darf. B. Pascal hat in seinem Memorial diese reale Erfahrung eindrücklich festgehalten.

„Feuer": Gott Abrahams, Gott Isaak, Gott Jakobs, nicht der Philosophen und Gelehrten, Gewissheit, Gewissheit: Freude, Friede, Gott Jesus Christus....".

Das persönliche Vertrauen an die eigene Auferstehung

Mit Gewissheit kann ich nur sagen, dass diese Berührungen der göttlichen Liebe mich innerlich aufrichten und beglücken. Kraft, Lebensmut, Freude, Staunen und eine tiefe Dankbarkeit erfüllen mein Bewusstsein, und ich bin mir gewiss, dass alles gut werden wird. In meinem existenziellen Glauben an GOTT erfahre ich persönlich die Wahrnehmung der göttlichen Liebe. Darüber habe ich kein exaktes Wissen aber eine sichere persönliche Gewissheit bekommen. Diese Gewissheit richtet meine Person auf. Das Leben ist ein Wunder.

Ich bin der Weg, die Wahrheit und das Leben; niemand kommt zu Vater ausser durch mich. (Joh 14.6).

Ich habe ihnen deinen Namen bekannt gemacht und werde ihn bekannt machen, damit die Liebe, mit der du mich geliebt hast, in ihnen ist und damit ich ihnen bin. (Joh 17,26).

Die Auferstehung Christi ist das spirituelle Fundament des Glaubens. Christus lebt. Es gibt ein Weiterleben nach dem Tod und jeder Mensch kann aufstehen und sein Leben aufrecht gestalten, wenn er der Botschaft Christi vertraut, die den Menschen die alles belebende Wirklichkeit der Liebe verheisst, und wenn er dem wohlwollenden und gütigen Willen GOTTES in seiner persönlichen und individuellen Lebensweise folgt.

In der realen Erfahrung der echten Liebe spürt jede geistige Person bereits den Hauch der unsterblichen Ewigkeit.

In der Wirklichkeit GOTTES zu leben, bedeutet für mich, dass ich im Tod aus der Zeitlichkeit gehe, und in der göttlichen Ewigkeit weiterleben werde. Nach dem Tod findet mein vergängliches Ich ein bleibendes Dasein in der Gegenwart der Liebe GOTTES. Als verstorbene Person erlebe ich einen neuen Zustand. Es ist jener Zustand, indem ich mich endgültig in der Wahrnehmung der göttlichen Liebe befinden werde. Jede Person hat bereits starke Vorahnung dieser kommenden Daseinsweise auf der Erde erleben können, wenn sie von der echten Liebe erfasst worden ist.

Im Zustand der Liebe fallen in gewisser Hinsicht Zeit und Raum weg und das eigene persönliche Bewusstsein möchte, dass alles weiterhin so gut und glücklich bleibt. Von daher betrachtet, hofft jeder Mensch, dass er nach dem Tod mit seinem ganzen Bewusstsein in der Liebe GOTTES für immer und ewig die kommende wunderbare und geschenkte Glückseligkeit erfahren kann.

Das ist kein unvernünftiger Gedanke, sondern eine glaubwürdige Vorstellung. Menschen, die dem Tod ganz nahe waren, berichten von einem eigenartigen Zustand ihres Bewusstseins. Im Sterben gehe der Mensch durch einen hellen Tunnel und sehe vor sich ein strahlendes Licht. Dabei fühlen die Sterbenden sich vollkommen glücklich. Manche wollten nach dieser Nahtoderfahrung gar nicht mehr ins bisherige Leben zurückkehren. An diese Erfahrungen knüpft der Segenswunsch an, der seit Urzeiten am Grab der Verstorbenen gesprochen wird: *Möge seine Seele in Frieden ruhen und das ewige Licht leuchte ihm.*

Die Menschen hatten seit jeher ein aussergewöhnliches Verhältnis zu den Verstorbenen, denn sie waren überzeugt, dass die Toten in bestimmten Fällen wieder in das Geschehen auf der Erde eingreifen können. Einerseits fürchteten einige Menschen, dass die Toten für das erlittene Unrecht sich rächen könnten, und andere hofften in ihrer Not auf eine wohlwollende Unterstützung der lieben Verstorbenen. Seit den Urzeiten glaubten die Menschen offensichtlich an ein Jenseits, bzw. an ein „Totenreich“, an ein Weiterleben der Seelen und an reale geheimnisvolle Zeichen und Wunder aus der jenseitigen Welt.

Die Christen glauben seit der realen Auferstehung Christi an das Wirken der Liebe GOTTES auf dieser Welt. Die Gläubigen haben auch immer wieder die verstorbenen Heiligen angerufen und sie um Hilfe in ihren Nöten angefleht. Offensichtlich haben die vielen bittenden Menschen tatsächlich Beistand aus dem Jenseits bekommen. Unzweifelhaft erlebten viele Christen von den geliebten Heiligen unerklärliche Dinge, d. h. ihre Bitten wurden erhört. Das bezeugen die vielen Wunderberichte an Wallfahrtsorten und an Pilgerstätten.

Die realen Wunder verbinden, das Sichtbare mit dem Unsichtbaren und Diesseits mit dem Jenseits. Die Wunder Christi und die der Heiligen, sind für die Christen immer ein wahrer Ausdruck der Liebe und ein realer Bestandteil der unfassbaren Wirklichkeit. Für Christen ist daher der Glaube an die Wunder, eine glaubwürdige Selbstverständlichkeit. Von den realen Hilfen, die von lebenden und gestorbenen Heiligen geleistet wurden, berichten unzählige Wunderberichte. Die Gläubigen können die Wunder nicht selber machen, aber sie können Wunder erfahren. Offensichtlich geschehen durch die geliebten Heiligen weiterhin Zeichen und Wunder.

In Lourdes haben ungläubige Wissenschaftler 69 Wunderberichte akribisch untersucht, und die Berichte als unverständlich aber wahr erklärt. In diesen untersuchten Fällen konnte kein Wissenschaftler die spontanen Heilungen rational begründen. Es gibt offensichtlich in der sichtbaren Welt doch eine reale aber unsichtbar wirkende Wirklichkeit. Im Reich GOTTES sind Himmel und Erde, die göttliche Wirklichkeit und die irdische Realität eine Einheit. Das hat Christus gelehrt: Die reale GOTTES- und Nächstenliebe belebt und vollendet die Menschen in dieser und in der andern Welt.

Natürlich kann jeder denkende Mensch diesen doch plausiblen Glauben an die GOTTES-und Nächstenliebe und die Möglichkeit einer Hilfe aus dem Jenseits ablehnen und sich auf seinen eigenen Erfolg beschränken. Aber ohne den Glauben an die göttliche Liebe, reduziert sich das menschliche Leben auf einen brutalen Kampf um die eigenen Vorteile. Das ist eine triste Weltanschauung. In diesem Weltbild endet selbst der grösste Erfolg der Person im endgültigen Tod.

Daher hat auch der tote Lenin in seinem pompösen Mausoleum nichts mehr von seinen Verehrern mitbekommen. Sein einbalsamierter Körper ist endgültig tot, sein stolzes Bewusstsein weg, sein Hirn wird im Alkohol seziert aufbewahrt und der vom Verfall betroffene Leichnam wird als Mumie nur noch mit chemischen Mitteln erhalten. Sogar der grösste Tyrann hat nach seinem eigenen Tod nichts mehr; weder Ruhm noch Herrschaft. Der Ausblick in eine gottlose Welt bleibt zuletzt trostlos. Alles wird als unnütz vernichtet.

Dagegen steht die christliche Deutung der Wirklichkeit des menschlichen Daseins. Das Leben ist ein unbegreifliches Wunder, das die Liebe GOTTES ermöglicht und geschaffen hat. Der christliche Glaube an das Wunder der Auferstehung in der göttlichen Wirklichkeit gehört zum irdischen Leben, und der liebende Mensch wird in der Liebe GOTTES ewig leben. Vor dieser Realität ist das Evangelium von der Auferstehung Christi eine wunderbare und grossartige Frohbotschaft.

Schlussfolgerungen

Der Glaube an GOTT des Christen gründet auf einer sinnlichen und gedeuteten Lebenserfahrung in der Liebe mit Christus.

GOTT wird ausschliesslich in der wohlwollenden Liebe erfahren.

Das Sichtbare wird im Unsichtbaren seine endgültige Vollendung finden.

Allein die Liebe GOTTES vollendet das menschliche Dasein.

In der wohlwollenden Nachfolge Christi wird eine denkende Person ein wahrer liebender Mensch.

Diese tiefe Lebensweisheit wird von der modernen Wohlstandsgesellschaft aus einem ideologischen Selbstverständnis abgelehnt.

Glaube Hoffnung und Liebe bewahren

Der hoffnungsvolle Glaube an die Wirklichkeit der Liebe GOTTES ist in der gegenwärtigen Zeit eine anspruchsvolle Herausforderung an das persönliche Selbstverständnis der Menschen geworden. Der Staat und die Gesellschaft sind angeblich religionslos, tolerant und neutral. Man muss nichts glauben, nur den gesellschaftlichen Vorgaben und den staatlichen Gesetzen gehorchen. Die moderne Gesellschaft ist sehr stolz auf ihr religiöses Unwissen. Der persönliche Glaube an GOTT ist ein Tabu. Die Mehrheit der jungen Menschen hat im modernen Europa die christliche Tradition abgeschüttelt. Die heilende Kraft der christlichen Botschaft Christi wird nicht mehr gesucht, und die christliche Lehre wird nur noch von wenigen Jugendlichen geachtet, denn die Kenntnis über die grosse wunderbare christliche Weltanschauung hat sich aufgelöst.

Man glaubt nur noch an das, was die Gesellschaft an Theorien anbietet. Der moderne Lebensstil ist nicht mehr auf einer persönlichen und inneren Gewissheit aufgebaut, denn die individuelle Lebensorientierung wird mühelos im gesellschaftlichen Umfeld gefunden und in der eigenen Selbstverwirklichung demonstriert. Im neuen technischen und digitalen Zeitalter versteht sich allein die Gesellschaft als die wahre und einzige besitzende Herrscherin der Welt, und sie verhält sich allmächtig. Die Weltgemeinschaft betrachtet sich für alles Handeln zuständig. Sie glaubt an eine den Frieden fördernde Kultur, die es in Wahrheit in dieser chaotischen und streitsüchtigen Welt nie geben wird. In der Tat werden heute ständig bittere pseudoreligiöse Kämpfe um das rechte Denken und Handeln unter den Menschen ausgefochten. Ein unerbittlicher Kampf um die richtige Deutung des menschlichen Verhaltens ist ausgebrochen.

Zu viele Menschen haben jeden Glauben an die göttliche Wirklichkeit verloren, bzw. nie gefunden. Christliches Denken Reden und Handeln wird auf allen Ebenen nur noch kritisiert, denn ohne jedes staunende Verständnis vor der Wirklichkeit können heute die religionslosen Menschen alles beurteilen und kritisieren. Sie halten sich selbst für objektiv, intelligent grosszügig und tolerant. In der Wohlstandsgesellschaft ist dem Individuum jede Selbstkritik am eigenen menschlichen Verhalten fremd. Der Mensch steht auf dem Standpunkt alles beurteilen zu können und gleichzeitig keinen Standpunkt zu haben. Man ist in der Kritik über die Christen und das Christentum sich einig, denn die moderne Gesellschaft hat sich ein neues negatives Bild der Christenheit aus einzelnen Versatzstücken der Geschichte zusammen gekleistert.

Die Frohbotschaft Christi wird immer wieder als eine Drohbotschaft dargestellt, die Geschichte des Christentums lehrt man als Kreuzzüge, man kennt die ständige Unterdrückung der einfachen Leute durch den Klerus, man weiss, dass die Kirche immer jede geistige Freiheit verboten habe, und dass die armen Menschen gezwungen wurden an die kirchlichen Dogmen zu glauben. Zudem hätten die fanatischen Missionare den unschuldigen Glauben der Urvölker zerstört, Menschen in die Sklaverei getrieben und die Kolonisation auf der ganzen Welt organisiert.

Damit ist das religiöse Wissen über das Christentum bereits zu Ende. Das gesellschaftliche Evangelium lautet heute einfach: Alle Religionen haben vielleicht Recht; aber die Christen haben sicher Unrecht getan. Das weiss man!

Diese Schilderung mag übertrieben sein, aber wer sich in der Gesellschaft umhört kann die unzähligen negativen Vorurteile gegenüber dem Christentum nicht überhören. Das öffentliche Bekenntnis zu Christus wird gesellschaftlich geächtet, die Kreuze werden aus den Schulzimmern verbannt, und der konfessionelle Religionsunterricht wird durch einen gesellschaftsfähigen und gewissenlosen Ethikunterricht ersetzt. Ohne je eine fundierte vernünftige und wohlwollende Einführung in die Botschaft Christi erhalten zu haben, fehlt den Menschen in der modernen Zivilgesellschaft das sachdienliche Wissen, jede Zuneigung zur Person Christi und jedes Verständnis für seine Botschaft und seine menschenfreundliche Lebensweise vollkommen.

In der öffentlichen Meinung ist die Lebensweise im Geiste Christi nicht mehr eine erstrebenswerte Option. Der religiöse Verlust von Glaube, Hoffnung und Liebe hat aus den christlichen Überresten neue pseudoreligiöse Denkmodelle entwickelt. Der Glaube an die Liebe GOTTES ist jetzt durch einen Glauben an das eigene Besserwissen ersetzt worden. Mit diesem Besserwissen muss jetzt die ganze Welt missioniert und bekehrt werden.

Alle diese neuen Lehren werden mit dem unbedingten Anspruch auf die reine Wahrheit begleitet. Man weiss angeblich exakt, was auf dieser Welt geschieht, man zieht jetzt die richtigen Schlussfolgerungen und verkündet allen Menschen das wahre Verhalten, bzw. die richtige Moral, der alle unbedingt folgen müssen.

Das ist eine grosse Herausforderung an das christliche Leben, weil der Gläubige ständig mit immer neuen gesellschaftlichen Forderungen überschüttet wird. In dieser Situation muss der Christ seinen Glauben bewahren können. Das ist nur möglich, wenn er seinen kritischen Verstand benutzt, sich die teilweise abstrusen Theorien anhört und auch wieder fallen lässt, ohne endlos darüber zu streiten. Es gibt keine Möglichkeit die ideologischen Begründungen der verworrenen Ideen und Verschwörungstheorien zu widerlegen, weil jeder Besserwisser nur seine eigene Weltanschauung für richtig hält. Das moderne Besserwissen ist ein Religionsersatz geworden.

Es ist daher heute sehr wichtig, dass von diesem oberflächlichen Gerede die Christen sich wieder abwenden, sich viel Zeit nehmen, ruhig und still werden, um auf den Heiligen Geist zu achten. Nur in der Stille können sie aus dieser Welt der alles besserwissenden Geschäftigkeit herauskommen, und wieder Kraft und Lebensfreude im vertrauensvollen Glauben an die Liebe GOTTES finden.

Die Sprache der Besserwisser

Überall ist Weltuntergang.

Dieser penetrante Endzeitdiskurs führt zu einer religiösen Aufladung der Politik. Diese dient heute nicht mehr dazu, Sachprobleme sachlich zu lösen. Vielmehr bildet sie einen öffentlichen Gerichtshof zur Verhandlung von moralischen Fragen: Wodurch zeichnet sich die richtige Gesinnung aus, und wer gehört zu den Erlösten? Rassismus, Flüchtlingspolitik, Klima: Immer geht es um Gut oder Böse, also letztlich um die Frage, wer zu den Auserwählten gehört und wer in der Verdammnis enden wird. (Felix E. Müller, NZZ 17. 11. 2022. S.31)

Heute lebt man als ein vom richtigen Wissen erleuchtetes Individuum in einer religionslosen Gegenwart auf einem geschichtslosen und sinnentleerten Planeten, der vor dem Abgrund steht. Jeder kann glauben, was er will, wird ständig behauptet. Doch das ist eine Lüge, denn die moderne belehrende Zivilgesellschaft und der allmächtige Staat sagen unerbittlich, was jeder Mensch zu denken und zu glauben hat. Nur am Sonntag hatte der Pfarrer einst die Menschen belehrt, aber heute wird jeder Bürger täglich mit immer neuen Belehrungen überhäuft und sein Fehlverhalten wird mit unzähligen Vorschriften bestraft. In der Welt der Wissenden gibt es für jede Person keine Freiheit mehr, denn alles Denken und Handeln wird gesellschaftlich zensuriert. Das abstrakte und selbstherrliche Wissen über das richtige und gerechte Verhalten in der informierten Gesellschaft erlaubt oder verbietet den Individuen alles Denken.

Überall wird heute von der Gerechtigkeit geredet. Dabei wird völlig übersehen, dass die Gerechtigkeit in Wahrheit auch nur ein abstraktes und ideologisches Denkmodell ist. Die Gerechtigkeit ist lediglich ein menschlicher Wunsch, denn die Menschen haben über die Gerechtigkeit unterschiedliche Vorstellungen. Wie oft wird ein Mörder nicht bestraft und ein Tyrann für seine Bosheiten gelobt. Ist es wirklich gerecht, wenn heute die Nachkommen von Verbrechern sich öffentlich entschuldigen müssen und verpflichtet werden mit Geld für die Schuld ihrer Vorfahren zu bezahlen? Ist es gerecht und angemessen, wenn einzelne Menschen Milliarden Dollars sich aneignen, und gleichzeitig unzählige Millionen Menschen auf dieser Welt verhungern? Etc. Man lebt als Mensch auf dieser Erde offensichtlich ständig mit Wünschen und Forderungen unter Lügnern und Betrügern, die ihr eigenes Wissen von Freiheit, Wahrheit und Gerechtigkeit gewalttätig verwirklichen.

In der Gesellschaft bestimmt heute ein ideologisches Besserwissen das Reden mit den Begriffen: Freiheit, Gerechtigkeit und Gleichheit. Was soll z. B. der Ausdruck „gerechte“ Sprache bedeuten? Gibt es eine ungerechte Grammatik, ungerechte „Unwörter“? Die Öffentlichkeit beschäftigt sich in diesen Tagen mit unglaublichen Spitzfindigkeiten über Wörter und Sprechweisen. Dabei sind Wörter nur Hinweise bzw. Ansichten über Fakten und auch keine endgültigen Aussagen. Zugleich nimmt ein irrealer Fanatismus in diesem Kampf um die rechte Sprache und die ungerechte Welt überhand, und man setzt immer wieder flammende Zeichen der Empörung. Das frühere öffentliche Bittgebet in schwierigen Zeiten hat man heute durch das laute Geschrei der Empörung auf den Strassen und in den demonstrativen Wutausbrüchen auf den Plätzen ersetzt.

Man glaubt, dass die eigene gerechte Rede alles sofort richtig mache. Das ist eine Illusion. Die Sprache ist für jede Rede der Person nur ein Hilfsmittel, um mit der eigenen Abstraktion das Geschehen in der Natur und das menschliche Verhalten besser zu verstehen und mitzuteilen. Die Sprache ist also nie die wahre Wirklichkeit; sie berührt vielmehr nur Objekte, das Geschehen und das reale menschliche Handeln auf dieser Welt. Zudem hat die Sprache keinen eindeutigen und sicheren Aussagewert. Wörter und Sätze können immer mehrdeutig sein. Der Inhalt vieler Reden bleibt häufig unscharf und nicht selten unklar. Dennoch wird in den öffentlichen Reden, immer ein dogmatisches und sicheres Wissen angepriesen, denn man will unbedingt mit der Sprache allen Menschen das „richtige" Wissen und das „gerechte" Verhalten beibringen.

Die Sprache ist grundsätzlich der Ausdruck einer individuellen Person zu einem konkreten Sachverhalt und kein Prinzip der Logik. Heute wird die Sprache von einem ideologischen Denken und Wissen als Erziehungsinstrument massiv missbraucht. Mit der neuen geschlechtsgerechten Sprache soll z. B. das Patriarchat abgeschafft werden. Als ein Machtinstrument eingesetzt, zerstört man mit der neuen ideologischen Sprachregulierung nur eine mögliche und grundlegende kommunikative und gemeinsame Wahrnehmung der Wirklichkeit. Der Zwang bringt keine neue Einsicht, denn er unterdrückt nur das Problem. Die richtigen Erkenntnisse und die Lösungen von schwierigen Problemen geschehen vernünftigerweise nur mit dem gemeinsamen Konsens und nicht mit dem Machtanspruch über die Sprache.

Doch seit man in der Sprache nur noch ein nützliches und machtvolles Mittel zur Erziehung der Menschen sieht, ist auch jeder religiöse Dialog versandet, denn jede religiöse Aussage wird heute automatisch bewusst oder unbewusst als ein Zwang zur Bekehrung missverstanden. Die Religion befasst sich mit der existenziellen Grundfrage jeder geistigen Person. Da legen die Menschen im Gespräch schnell jede Aussage auf die Goldwaage und reagieren betupft und dünnhäutig auf jedes unachtsame Wort, denn man fürchtet in der eigenen Selbstwahrnehmung erschüttert zu werden. Das aber will man nicht. Das Reden der Menschen hat heute seine subjektive, erfrischende und aufbauende Qualität weitgehend verloren. Man redet in logischen Chiffren und nicht mehr mit einem mitfühlenden Herzen über die wesentlichen Dinge im Leben.

Ohne das wohlwollendes Zuhören gibt es keine guten Erkenntnisse

Im aktuellen Denken der Menschen über die Religion und die wesentlichen Ereignisse werden die emotionalen und persönlichen Aspekte des Glaubens und des Fühlens völlig ignoriert. Der lebendige und existenzielle Glaube an Christus ist eine gefühlte subjektive innere Gewissheit und kein sicheres und abstraktes objektives Wissen. Über die subjektiven Gewissheiten sollte eine Person frei reden können, aber das ist nicht einfach, weil sie in gewisser Weise sich dabei auch entblösst. Man fürchtet, dass die geäusserten und scheinbar richtigen Behauptungen auf der schwachen Grundlage des eigenen subjektiven Wissens plötzlich zerfallen könnten. Was soll ich machen, wenn ich mich doch getäuscht habe? Das will man als ein unsicherer Mensch unbedingt verhindern.

Das Gespräch ist eine emotionelle Annäherung an die Realität, und das religiöse Gespräch erfordert eine Preisgabe der eigenen ungesicherten persönlichen und innersten Vorstellungen über GOTT und die Welt. Das Sprechen über den eigenen Glauben ist für jede Person eine gefährliche Gratwanderung, die man besser unterlässt, denn man könnte unverhofft plötzlich abstürzen. Diese Unsicherheit haben alle denkenden Menschen gemeinsam, aber der unsichere Mensch kann das nicht eingestehen.

Reden heisst in Wirklichkeit immer zugeben, dass man doch nicht alles weiss. Ein Gedicht lässt sich daher auch nie exakt ausschöpfen, weil die Poesie immer schwer fassbare emotionale Wahrnehmungen ausdrückt. Ebenso können Minderwertigkeitskomplexe auch nicht mit einer ausdrücklichen Betonung der speziellen Minderwertigkeit gelöst werden. Religiöse Reden können ebenfalls auch nicht exakt vermessen und genau gewichtet werden. Echte religiöse Reden beruhen auf gefühlten sowie auf bedachten persönlichen subjektiven Wahrnehmungen des Gewissens und nicht auf einem sicheren Wissen. Jeder Mensch hat eine individuelle Wahrnehmung der Wirklichkeit und auch eine besondere sprachliche Ausdrucksweise. Das macht alle religiösen Gespräche interessant und auch für das persönliche Selbstverständnis sehr wichtig.

Religiöse Aussagen, ideologisches Denken und sprachliche Ausdrucksweisen sind sehr oft kaum zu unterscheiden, weil es für die Wiedergabe der Gedanken und der Emotionen keine objektive richtige und neutrale Rede gibt. Immer wird z. B. der Unterschied der Geschlechter emotional wahrgenommen. Die reine Wissenschaft kann das Problem der Gleichberechtigung zwischen Mann und Frau nie lösen. Wissenschaftliches Wissen beruht auf einem neutralen und logischen Denken aber nicht auf der eigenen individuellen und persönlichen Wahrnehmung der Welt. Mit einer wissenschaftlichen Sprache allein wird das Verständnis unter den Menschen nie gültig, richtig und sicher übermittelt.

Auch die wissenschaftliche Rede braucht immer ein wohlwollendes Denken

Die Benutzung der Sprache setzt voraus, dass die Sprechenden einander wirklich verstehen wollen. Die Sprechenden geben mit ihren Worten auch immer etwas Persönliches preis. Dieser Aspekt ist für jedes echte Gespräch von grosser Bedeutung, denn es offenbart die subjektive Wertschätzung, die eine Person mit ihrer Aussage macht. Eine neutrale Sprache verhindert das echte Gespräch, denn erst die Wahrnehmung der subjektiven Empfindungen gibt dem Gespräch die erwünschte Tiefe, und das gewünschte noch nicht Gesagte kann wahrgenommen werden. Echte Gespräche beruhen auf ehrlichen, glaubwürdigen subjektiven Aussagen.

Die komplexe Wirklichkeit formt die Sprache und nicht umgekehrt. Das abstrakte Wissen bezeichnet zuerst nur ein „Abgetrenntes" aus der Wirklichkeit. Erst wenn die Mitmenschen das Abgetrennte auch erkennen wollen, bilden sie mit Hilfe der Sprache ein gemeinsames Wissen. Daher ist die Sprache ein Werkzeug zur Vermittlung von Wissen und neuen Erkenntnissen und zugleich ein Mittel, um persönliche subjektive Empfindungen ausdrücken zu können.

Für das persönliche Selbstverständnis ist die reine wissenschaftliche Rede völlig unzureichend, denn sie kann die emotionale Wirklichkeit der Person nicht korrekt wiedergeben. Die Wissenschaft kann die abstrakte Mathematik und bestimmte Funktionen in der Wirklichkeit exakt berechnen, aber in Bezug auf die Menschen kann die ganze Wissenschaft nur noch Wahrscheinlichkeiten erforschen und vorhersagen. Für die Erfassung der Religion eignet sich keine reine wissenschaftliche Sprache, die auf abstrakten sachlichen Prozessen der Auftrennung von Einzelheiten aus der Wirklichkeit beruht.

Die religiöse Sprache ist nicht einfach, denn sie wird existenziell von vielen persönlichen Erfahrungen des „Unsichtbaren", von emotionellen Empfindungen und individuellen Einsichten und von gemeinsamen offiziellen Theorien geformt. Das neue pseudowissenschaftliche Denken hat die Sprache auf ein exaktes Wissen reduziert und mit dieser Denkweise wird die offene überlieferte religiöse Sprache ruiniert. Auch Christen reden heute „wissenschaftlich" sehr laut und demonstrativ aneinander vorbei, weil sie die religiöse Sprache ständig mit ihrem sicheren Wissen identifizieren, und die Gläubigen reden in der Kirche als Besserwisssende über einander aber nicht mehr miteinander. Auf diese Weise wird die natürliche menschliche Kommunikation abgebrochen.

Jeder Tyrann redet in seiner Sprache, und er duldet nur noch seine Redeweise. Er spricht mit einem absoluten Wissen, das keinen Widerspruch duldet. Die Sprache des Tyrannen wird auf diese Weise zum Machtwort, dem sich niemand widersetzen darf. Daher ist ein Gespräch mit einem Tyrannen sinnlos. denn die allwissenden Tyrannen halten ihre Rede für eine endgültige Wahrheit. Wissen und Sprache, Wahrheit und Macht fallen in diesem Denkmodell zusammen. Mit dieser Denk- und Sprechweise wird die menschliche Würde zerstört, und jede echte Kommunikation unterbrochen. Eine Sprache der logischen Macht und ohne Mitgefühl wird für die Mächtigen ein tödliches Mittel der Macht. Auf diese Weise reden Tyrannen erfolgreich zu unsicheren und denkfaulen Menschen.

Die Sprache muss sich immer bemühen den wahren Kern der gesprochenen Aussagen zu finden und gewaltfrei bleiben. Das gilt für alle christlichen Aussagen, denn die Reden über GOTT und die göttliche Wirklichkeit haben immer eine gewisse Unschärfe und ein persönliches emotionales Gewicht. Der gläubige Christ sollte daher auch in seiner religiösen Sprache offen den wahren Kern der religiösen Aussagen wiedergeben. Bevor er redet, muss er mit seinem Verstand die vernünftige Glaubwürdigkeit und die gefühlte subjektive Gewissheit suchen, und er darf dabei auf formale und logische Begründungen für seinen Glauben allein sich nicht abstützen. Das objektive Denken und das subjektive Empfinden müssen wohlwollend die eigenen Worte überprüfen.

In der wissenschaftlichen Rede ist das Wohlwollen zunächst überflüssig. Die moderne vergleichende Religionswissenschaft befasst sich deshalb nie mit der wahren existenziellen Glaubwürdigkeit religiöser Aussagen, weil sie in ihrem profanen ethnologischen Denken allein der reinen neutralen und logischen Wissenschaft gegenüber verantwortlich ist. Jede Wissenschaft schliesst stets die eigenen Emotionen aus, denn man will sich dem wissenschaftlichen Objekt gegenüber strikt neutral verhalten. Folglich versteht die Wissenschaft der Ethnologie von ihrer speziellen Methode her keine Religion.

Die moderne Religionswissenschaft stellt die Religion nur als ein sachliches und vordergründiges Wissen dar, das sie nicht verstehen muss, weil sie die Religion lediglich auf einer wissenschaftlichen Ebene als Objekt darstellen will. Was der Wissenschaftler wirklich glaubt, sagt er nicht. Der echte und existenzielle religiöse Glaube wird tatsächlich immer nur mit einer persönlichen Gewissheit aber nie mit einem objektiven Wissen begründet.

Das wissenschaftliche Verständnis der Religion führt das Denken in eine geistige Sackgasse. Die Religion ist immer eine persönliche subjektive Konfession. Glauben heisst „bekennen". Daher ist ein übergreifender bekenntnisloser Religionsunterricht ein Unsinn. Es gibt auch keine Ethik ohne eine religiöse Grundlage und keine massgeblichen Verhaltensregeln ohne ein gemeinsames Menschenbild, wie es das Christentum anbietet. Der neutrale Staat hat kein gemeinsames Menschenbild, sondern nur ein gemeinsames Verwaltungskonzept.

Der Christ will die emotionelle Gewissheit und die glaubwürdige Wahrheit der Botschaft Christi in der Kirche finden.

Im Glauben sucht der Christ daher nie ein reines objektives Wissen, weil er sicher weiss, dass es in diesem Bereich gar kein wissenschaftliches Wissen geben kann. Aber das wissenschaftliche Denken hat auch die Theologie erfasst, und sie letztlich in grosse Schwierigkeiten gebracht. Die offene Wahrscheinlichkeit im Erfassen der religiösen Wirklichkeit wurde in allen Bereichen der Theologie in eine exakte Sprache verwandelt. Die existenzielle Gewissheit im Glauben wollte man mit einem gesicherten Wissen stützten. Der Glaube wurde versachlicht und zu einem Wissen gemacht. So wird auch verständlich, dass in der katholischen Kirche erst 1917 das sachliche und objektive Kirchenrecht festgelegt wurde. Dabei hat man voreilig den subjektiven und emotionalen Aspekt des Glaubens übersehen.

Die Exegese als eine Wissenschaft hat die spirituellen Aspekte der Botschaft Christi zur Erklärungen des Evangeliums ebenfalls weitgehend weggelassen, und hat die Texte mit objektiven Kriterien sachlich und neutral analysiert. Der Exeget verzichtete auf seine subjektive und persönliche Wahrnehmung der Botschaft Christi und er konzentrierte sich auf die formalen Hintergründe der Worte Jesu. So wurde mit einem theoretischen Herkunftsverfahren aus andern Textstellen das Evangelium auf wenige authentische Worte Christi reduziert und die vielen Wunderberichte wurden vorschnell als unhistorische Legenden und für wenig glaubwürdige Berichte gehalten. Viele wissenschaftlich geschulte Exegeten glaubten überhaupt nicht mehr an die Wunder und aus Christus wurde ein interessanter Wanderprediger, der wie alle anderen Propheten das nahe strafende Weltende verkündet habe. Mit dieser neuen sachlichen und neutralen Bibelerklärung schafften die Exegeten die Botschaft Christi als ein spirituelles Wort GOTTES ab. Das Evangelium ist aber vor allem eine lebendige spirituelle Kraftquelle und kein sachliches Objekt.

Die Verlagerung der Moral in die Welt des sicheren Wissens ruinierte zuletzt auch jedes Vertrauen in die kirchliche Morallehre. Nach dem Konzil haben die sexuellen Vorschriften der Kirche, die von der Moraltheologie nicht mehr glaubwürdig zu begründen waren, diese Stimme zur Klärung der Gewissen in allen Bereichen zum Schweigen gebracht. Die grosse Mehrheit der Gläubigen folgte den sexuellen Vorschriften der Kirche nicht mehr, die in diesen Fragen weiterhin ein absolutes Wissen beanspruchte.

Die Kirche hat mit dieser Verhaltensweise sich selbst ins Abseits geschoben, ihre helfende und gütige Sprache verloren und mit der rigiden Sexualmoral die Gewissensbildung der Gläubigen unterdrückt. Das ständige Vertuschen der Missbrauchsfälle hat zuletzt das moralische Ansehen der Kirche völlig zerstört. Mit dieser unangenehmen Situation muss der Christ heute leben.

Die eigene Gewissenprüfung im Geiste Christi zeigt auch in diesem Fall eine Lösung auf. Ich muss mein Wohlwollen gegenüber der Kirche behalten auch wenn ich ihr Verhalten kritisiere, denn wenn ich die Kirche verlasse, so trenne ich mich auch von Christus, der versprochen hat, immer in der Gemeinschaft der Gläubigen zu bleiben. Ich muss in der Kirche bleiben und mein Denken und Reden immer wieder überprüfen, und ohne mich zu verbiegen bei meiner doch berechtigten subjektiven Kritik bleiben. Dabei darf ich mich auf den Heiligen Geist stützen, den Christus *allen* Gläubigen verheissen hat, die er zur Mitarbeit im Reich GOTTES gerufen hat.

In der Kritik darf ich wie Christus sehr scharf und kompromisslos reden, aber dennoch gegenüber den anders denkenden Mitarbeiter im Reiche GOTTES immer eine wohlwollende und emotionale Sprache pflegen. Mit der Kraft des Heiligen Geistes kann jeder Christ diese offene und freie Lebenshaltung einnehmen. Das Leben aus der Kraft der göttlichen Liebe ist keine leichte Aufgabe, und der Gläubige muss der göttlichen Zuneigung ständig sich zuwenden, denn die reale Urkraft des Lebens, die der Christ staunend und mit Gewissheit verehrt, ist die unendliche Liebe GOTTES zu allen Menschen.

Meine Rede muss deshalb immer von einem echten Wohlwollen begleitet werden. Ich kann auch in jeder religiösen Rede spüren, ob sie von Wohlwollen, Gleichgültigkeit, innerer Distanz oder von Ablehnung oder gar vom Hass bestimmt ist. Es gibt in der menschlichen Kommunikation immer Zwischentöne und auch unaussprechliche Wahrheiten, die in allen Aussagen über GOTT und sein Wirken wahrnehmbar sind. In der religiösen Rede kann ich also auch mehr wahrnehmen als gesagt wird. Nur wer diese Tatsache offen und ehrlich annimmt, findet einen Zugang zur göttlichen Sprache, denn die Liebe GOTTES wird rational gedacht aber emotional gespürt und mit der Gewissheit erfahren. Die religiöse Sprache ist offen, dem Geheimnis zugewandt und versucht das „Unfassbare“ wohlwollend auszusprechen. Die religiöse Sprache erschöpft sich nicht in der Wiederholung dogmatischer Aussagen.

„Wir müssen die Begrenztheit der Sprache und ihre kulturelle Bedingtheit zugeben. Hierin besteht ja der Grund der dogmatischen Evolution, des theologischen Denkens, einer Wiedererarbeitung des Dogmas. Schliesslich müssen wir unterscheiden zwischen dem Wort Gottes, das Gegenstand unseres lebendigen Glaubens ist, und dem menschlichen Ausdruck dieses Wortes Gottes; ersteres ist transzendent und absolut, letzteres relativ“ (Maximos V., Patriarch von Antiochien).

Der Glaube an Christus ist eine gefühlte Gewissheit, die eine Person glücklich macht.

Der rationale und emotionale Umgang mit den Sünden der Kirche

Was muss ich verstehen, wenn die kirchliche Sprache von einer Verwandlung von Brot und Wein in der Messe redet? Damit ist keine sichtbare Veränderung von Brot und Wein gemeint, sondern eine gläubige Wahrnehmung der realen Gegenwart Christi in diesen Speisen. Die wunderbare Gegenwart Christi kann nur im emotionalen Vertrauen, d. h. mit dem offenen Herzen wahrgenommen werden. Mit dem Herzen wahrnehmen bedeutet, dass ich als geistige Person mit meinen Sinnen über die Sprache den besprochenen Inhalt der Verwandlung richtig verstehen lerne, und dass ich, wenn ich an Christus denke, emotional das „Mehr“ im Gesagten wahrnehme. Somit erfasst das eigene wache geistige Bewusstsein immer mehr als das reine abstrakte Wort, denn ich kann fühlen, *was das Wort Christi mit mir macht,* und *ich werde verwandelt*. Der Glaube an die göttliche Liebe macht meine Verwandlung möglich.

Auf das Wesen der Botschaft Christi muss der Christ immer wieder neu sich besinnen:

GOTT ist Liebe.

Dazu braucht jeder Mensch Ruhe und sehr viel Zeit, um diese Tatsache zu begreifen. Nur in der Stille kann er die von Christus verkündete Botschaft der bedingungslosen Liebe GOTTES spüren und wahrnehmen und anschliessend selbst auch Wohlwollen und Güte ausstrahlen. Beim Hören der Worte Christi und im konkreten Handeln kann das Wohlwollen GOTTES von der Person als echte anwesende Realität wahrgenommen werden. Die wahre menschliche Liebe zu GOTT ist daher kein Geschrei und auch kein Zwang, sondern eine emotionale Wahrnehmung, die eine Person innerlich als ein echtes Geschenk GOTTES berührt, und die Menschen äusserlich zur Nächstenliebe befähigt.

Die christliche Nächstenliebe bezieht sich immer auf konkrete Beziehungen und Taten und sie belohnt den Geber mit einer inneren Freude, die wiederum aus der Liebe GOTTES kommt. Das Leben nach dem Willen GOTTES, der die Liebe ist, macht die Menschen fröhlich und zufrieden. Diese gute und ideale Lebensweise im Geiste der Frohbotschaft Christi schenkt der Person schöne und wunderbare Erfahrungen. Wer liebevoll denkt und handelt wird glücklich. Das haben leider heute zu viele Christen vergessen.

In der Taufe wird das Kind in die Gemeinschaft der Kirche aufgenommen. Die Eltern sind bereit das Kind im Glauben an Christus zu unterweisen. Doch das genügt nicht. Die Taufe ist mehr als ein Versprechen. Die Nachfolge Christi und die Arbeit im Reiche GOTTES erfordern einen bewussten und persönlichen Gewissensentscheid. Daher verlangen die Baptisten mit der Einführung der Erwachsenentaufe einen persönlichen und bewussten Glaubensentscheid. Dieser bewusste Glaubensentscheid wird indirekt in der Firmung, bzw. in der Konfirmation von der katholischen bzw. der evangelischen Kirche gefordert.

In der aktuellen Praxis fällt dieser angestrebte Entscheid zur gewollten und bewussten Nachfolge Christi negativ aus. Die Aufnahme der Jugendlichen in die kirchliche Gemeinschaft will nicht mehr gelingen, denn sie können für die wohlwollende und menschenfreundliche Lebensweise Christi nicht mehr begeistert werden. Statt im Glauben gestärkt, wenden sich die Konfirmanden und Firmlinge trotz dieser speziellen Unterweisung nach der kirchlichen Feier sehr oft endgültig vom christlichen Glauben ab. Die religiöse Sprache berührt die Jugendlichen nicht mehr. Der Kopf der Jugendlichen ist voll von andern Dingen, und das Herz bleibt kalt für die Erfahrung der Liebe zu GOTT.

Für nicht wenige Jugendliche ist diese religiöse Feier der letzte Besuch in der Kirche. Die kirchliche Unterweisung hat offensichtlich weder den Verstand noch das Gefühl der Jugendlichen erfasst. Die Gefirmten und Konfirmierten haben keinen wirklichen Zugang zur religiösen Welt gefunden. Für diese jungen Menschen sind eine Lebensgestaltung im Geiste Christi und eine aktive Mitarbeit am Reich GOTTES keine Optionen mehr, und die jungen Individuen führen eine Lebensweise, die künftig vollkommen religionslos ist und die ihre Lebensfragen nur noch nach dem Geschmack der Gesellschaft lösen.

Warum verlassen die Jugendlichen die Kirche und kehren der christlichen Lehre den Rücken? Das hat viele Gründe. Meiner Ansicht nach kann man eindeutig feststellen, dass die moderne religiöse Sozialisation die Herzen der Menschen nicht mehr berührt. Die Abwendung vom Christentum hat sicher viel mit der modernen technisierten Lebensweise zu tun, aber auch mit der gängigen religiösen Unterweisung, und mit der Tatsache, dass Christen, die offen ihren Glauben ausstrahlen und dieses Vertrauen in GOTT öffentlich bekennen selten geworden sind. Der eigene christliche Glaube wird gerne versteckt. Über die Glaubenserfahrung sprechen die Christen nicht, und auch die existenziellen persönlichen religiösen Einsichten werden selten ausgetauscht. Zu viele Christen strahlen keine innere und glaubwürdige Überzeugung und keine positive Begeisterung für ihr Vertrauen in Christus aus.

Sogar im Zentrum der modernen christlichen Verkündigung stehen heute vor allem gesellschaftliche Probleme. Das ist ein grundlegender Mangel in der religiösen Unterweisung. Damit kommt in der religiösen Verkündigung das Wichtigste zu kurz: **Christus**. Jeder Christ muss Christus als inneren Wegweiser und Leitstern sehen und ihm persönlich vertrauen können.

„Ohne Christus wissen wir weder, was unser Leben noch was unser Tod ist, wir wissen nicht, wer GOTT ist noch wer wir selber sind“ (Blaise Pascal).

Christ wird eine Person erst, wenn sie sich auch von Christus angesprochen weiss. Um mit Christus das Leben zu gestalten muss der Gläubige eine reale spirituelle und persönliche Beziehung zu Christus suchen und finden. Der christliche Glaube beruht auf einem echten, wahren und persönlichen Glaubensentscheid und nicht nur auf einer gesellschaftlichen Konvention, die man übernehmen soll. Ohne eine gute und persönliche Beziehung zu Christus ist eine aktive Teilnahme am verheissenen Reich GOTTES nicht möglich und das Feuer des Glaubens stirbt an einer spirituellen und geistigen Leere. Ohne Christus gibt es kein Christentum und die Gemeinschaft der Kirche löst sich mit einer oberflächlichen Sittenlehre auf.

Christus hat mit der Verheissung des Heiligen Geistes allen Gläubigen eine spirituelle Kraft geschenkt. Durch den Heiligen Geist kommt der Christ Christus nahe, und der Gläubige wird mit der Gewissheit im Vertrauen auf GOTT mit Kraft und Lebensfreude erfüllt. Er wird „begeistert". Diese Begeisterung ist ein Wesensmerkmal des christlichen Glaubens. Heute fehlt zu vielen Christen dieses wesentliche Merkmal.

Mit Christus kann ich mich in GOTT geborgen erfahren. Nur wer sich selbst vom Geist der Liebe GOTTES berührt wahrnimmt, kann als Christ die wahre und wärmende echte Nächstenliebe in seinem Leben auch verwirklichen. Diese Berührung im Heiligen Geist, den Christus uns schenkt, gibt der individuellen Person die Kraft das Gute zu denken und zu tun. Die religiöse Unterweisung muss daher stets darauf achten, dass die Gläubigen persönlich Christus suchen und finden, und dass sie im Herzen bereit werden jederzeit den Willen GOTTES zu erfüllen, und ihr Leben wirklich im Geiste der GOTTES- und Nächstenliebe gestalten wollen. Christus muss im Leben der Christen sichtbar werden.

Die Nachfolge Christi ist eine bewusste persönliche Lebensweise, die sich an Christus orientiert, und nicht einer dogmatischen Lehre folgt. Der christliche Glaube ist der bewusste und persönliche Entscheid in der Nachfolge Christi leben zu wollen und keine Erfüllung von gesellschaftlichen Konventionen.

Diese bewusste und gewollte Lebensweise in der Nachfolge Christi haben heute in ihrer alltäglichen geschäftigen Lebensweise die Christen weitgehend vergessen. Sie haben keine Zeit mehr, um über GOTT und seine mitfühlende Liebe nachzudenken. Sie müssen sich allzeit um ihren Erfolg bemühen. Doch ohne ein grosses Vertrauen auf den Heiligen Geist, ohne viel Zeit und Geduld, Wohlwollen und Verständnis im eigenen Denken und Fühlen kann der Christ nicht mehr in der kirchlichen Gemeinschaft frei atmen und vernünftig leben. Die Probleme in der katholischen Kirche sind nur im Vertrauen auf den Heiligen Geist lösbar.

Es gibt keine lebendige Glaubensgemeinschaft mit Christus ohne das ehrliche Eingestehen der eigenen Fehler und Sünden.

Der aktuelle Schiffbruch der Institution Kirche

Der bewusste und entschlossene Glaube an Christus erfasst die Gefühle, den Verstand und den Willen des Christen.

Die Kirche ist als das verheissene Reich GOTTES weder eine starre Institution noch eine gesellschaftliche Organisation. Wer sich von Christus berufen erlebt hat, arbeitet im Reich GOTTES und ist in Wahrheit somit ein lebendiges Mitglied der Kirche. Es sind daher auch die vom Heiligen Geist geleiteten Heiligen, die in Wirklichkeit die Kirche geistig beleben und spirituell leiten, denn die Kirche ist eine religiöse Gemeinschaft und kein sozialer Verein, der von ausgewählten Männern regiert wird. Das muss immer bedacht werden.

Jeder Christ lässt sich spirituell vom Heiligen Geist führen und leiten. Wie alle Gläubigen im Vaterunser bitten, muss daher in allem kirchlichen Denken und Handeln der Wille GOTTES erfüllt werden. Als eine spirituelle Gemeinschaft wird die Kirche nur sichtbar, wenn sie immer und überall die Liebe, die Güte und das Wohlwollen verkündet und vor allem in ihrem Handeln konkret vorlebt. Leider verstehen viele Christen die Kirche nur noch eine religiöse Institution von Gleichgesinnten, die Menschen vor der schlechten und säkularen Welt retten soll. Sie haben für die kirchliche Institution kein persönliches Mitgefühl, denn ihre Lebensweise orientiert sich nicht mehr an Christus.

Die Kirche als eine Institution erlebt heute einen unglaublichen Schwund an Vertrauen. Die Kirchenleitung hat in der Gesellschaft jede Glaubwürdigkeit verloren. Das ist eine Katastrophe aber die Hierarchie ist unfähig zu erkennen, dass sie selbst die Ursache für diese Misere ist. Viele Kirchenführer vertrauen nicht auf Christus, nicht auf den Heilige Geist, und sie glauben nicht das Reich GOTTES, denn sie klammern sich an die unantastbare Heiligkeit der Institution Kirche. Die Leiter der Kirche sind so sehr von der Heiligkeit ihrer Amtsvollmacht überzeugt, dass sie nichts mehr verändern können. Sie können nicht mehr von ihrer Lehrmeinung lassen und auf die Gläubigen zugehen und deren Sorgen verstehen. Sie sind sich in ihrer Überzeugung so sicher, dass sie nur noch ihr eigenes Wissen über Gott und die Welt wiederholen. Wie die Schriftgelehrten gegenüber Jesu pochen sie auf ihre heilige Vollmacht und die unveränderliche Überlieferung. Das ist ein schwerer Vorwurf an die katholische Kirche, den allerdings jeder ehrliche Christ in seiner persönlichen Erfahrung mit der Institution auch erkennen kann.

Als ich jung war hat der Papst Johannes XXIII. die Kirche aufgerüttelt und das Konzil zur Reform der Kirche eröffnet. Doch wirklich verändert hat sich nichts.

Der Zustand der Kirche in einem Bild

Die Kirchenstruktur sollte erneuert werden und der Papst das wollte Schiff Petri wieder genauer auf den Kurs zum verheissenen Reich GOTTES zusteuern. Leider wurde der grosse spirituelle Aufbruch nach dem Konzil vergessen, und die neue Fahrrichtung schweigend aufgegeben, weil man den alten Kompass weiterhin benutzte. Das Steuer wurde erneut auf den traditionellen Kurs ausgerichtet, und nach vielen schweigend abgelehnten Synodalbeschlüssen zur Neuausrichtung fuhr man das Schiff Petri auf eine Sandbank zu und sitzt jetzt fest. Auf Beibooten verlässt die Mannschaft das gestrandete Schiff. In der Schiffsmesse sitzen die dekorierten Offiziere an ihrem reich gedeckten Tisch und wiederholen ständig Forderungen, die niemand mehr ausführt. Der Kapitän bleibt stumm. Die Segel sind eingezogen. Der Wind weht durch die Masten aber kein Offizier steht auf und wagt es die Segel zu hissen, damit das Schiff weitersegeln kann. Ohne die Segel kann der Heilige Geist das Schiff Petri nicht mehr fortbewegen aber in der Mensa kleben die Verantwortlichen weiterhin ungerührt auf ihren Stühlen sitzen und reden. Das Schiff aber bleibt fest.

Über Generationen hinweg hat die Kirche das Evangelium an die Gläubigen weitergereicht, und die Menschen zur Umkehr zu GOTT aufgerufen. Diese Umkehr zu GOTT setzt eine ehrliche Selbstkritik voraus, aber das macht die Institution Kirche nicht mehr. Die in ihrem eigenen Glauben festsitzenden Kleriker haben offensichtlich die erforderliche kritische Gewissenserforschung vor GOTT aufgegeben und sie sind nicht mehr in der Lage ihr Fehlverhalten zu erkennen, denn sie sind in ihrem Denken selbstsicher und hartherzig geworden. Sie glauben sicher zu wissen, dass man nichts ändern dürfe. Das widerspricht vollständig der von Christus geforderten Umkehr der Gläubigen zu GOTT und der vertrauensvollen Erwartung des Heiligen Geistes, um die notwendigen kirchlichen Reformen durchführen zu können.

Die Umkehr zu GOTT verlangt in der Nachfolge Christi von jedem Gläubigen eine spirituelle Hinwendung und eine wohlwollende Hilfsbereitschaft zu allen Menschen. Diese elementare Forderung hat die Kirche als eine Institution, umgekehrt. Die Gläubigen müssen die kirchliche Institution lieben, aber die Institution muss die Gläubigen nur belehren und nicht lieben. Als heilig und unantastbar versteht sich die Institution und sie verweigert sich daher jeder Selbstkritik. Dieses ideologische Konzept der heiligen Institution verhindert, dass die Kirche bei berechtigten Anklagen ihr schuldhaftes Verhalten nicht eingesteht. Dabei spielt das vorgeschriebene Zölibat eine tragische Rolle.

Das heilige und unantastbare Zölibat

Der Zwang zum Zölibat hat das Denken und Fühlen der ehelosen Geistlichen im Lauf der Zeit in ein unlösbares Dilemma gedrängt. Die Priester sollten ihr sexuelles Verlangen radikal unterdrücken, aber ihre natürlichen Begierden waren stärker als der Wille. Als Lösung wurde den Klerikern die Sublimierung angeboten. Als Vorbild wurde Maria ausgewählt. Die Muttergottes wurde zu einer reinen, unbefleckten, sündenlosen, demütigen, vergeistigten und asexuellen Jungfrau emporstilisiert. Diesem heiligen Ideal sollten alle Priester nachfolgen und man meinte, dass sie die Sexualität mit dem verinnerlichten Ideal beherrschen können. Doch diese Art der Verdrängung funktioniert nicht.

Die Sexualität bedrängte weiterhin täglich das Denken und Fühlen der ehelosen Männer. So wird verständlich, warum bald in der katholischen Morallehre die Sexualität zur Ursünde erklärt wurde, und der Beichtspiegel sich auf das 6. Gebot spezialisierte. In jedem sexuellen Gedanken sah man bereits eine leichte Sünde, und in jeder unkeuschen Berührung der Genitalien automatisch eine Todsünde. So wurde am Ende das ganze menschliche Leben für „unkeusch" erklärt. Nur noch für eine notwenige Zeugung von Kindern wurde im Rahmen einer Ehe eine sexuelle Handlung toleriert. Die Kirche wollte alle sexuellen Begierden aus der Welt schaffen, und für dieses Ziel wurde der Priester zu einem heiligen und unantastbaren Vorbild für die Gläubigen emporstilisiert.

Dieses unnatürliche Denken und Verhalten verschlimmerte die ganze Situation. Die Sexualität wurde ein Tabu. Man durfte nur noch im Beichtstuhl über solche Dinge reden. Das verschärfte die Probleme der Priester mit ihren eigenen Begierden. Ständig war die Unkeuschheit da. Ein „sündenloser" Zustand, der dem heiligen Vorbild der Jungfrau Maria entsprechen würde, war unmöglich zu erreichen. Um die unkeusche Eva aus dem Gedächtnis zu verdrängen wurde der moralische Zwang im Denken eine unbedingte Notwendigkeit. Die sexuelle Morallehre verwandelte sich langsam in eine unbarmherzige Keule. Alle Menschen wurden jetzt zusammen auf die Sünderbank geschoben. Doch der Priester musste in jedem Fall rein und sündenlos bleiben.

Wurde die sexuelle Beziehung eines Priesters zu einer Frau öffentlich, so wurde er sofort aus dem kirchlichen Dienst ausgestossen. Konnte die Sache verheimlicht werden, wurde der fehlbare Priester verschwiegen unter dem absoluten Siegel des Beichtgeheimnisses versetzt. Man beschritt skrupellos den Weg der Doppelmoral, indem man beichtete und alles vertuschte. Damit war alles wieder in Ordnung.

Diesen Weg benutzten auch alle Kleriker, die sexuellen Missbrauch verübten. Bedenkenlos wurde diese Verschwiegenheit von der Kirche geduldet. Für die gesamte Geistlichkeit wurde die Verschwiegenheit zu einer Pflicht gemacht, nie Etwas zu sagen, das der reinen, heiligen und unbefleckten Kirche schaden könnte. Es wurde eine unbedingte Gefolgschaftstreue von jedem Geistlichen verlangt. Doch heute ist die Verlogenheit dieser Gefolgschaft wie eine Wunde aufgebrochen und der sexuelle Missbrauch fliesst als ein stinkender Eiter aus. Es ist höchste Zeit das Denken und Fühlen in der Kirche als eine „heilige" Institution ehrlich zu überdenkenden, den Zwang zur Gefolgschaft aufzugeben und endlich die Kirchenstruktur gesamthaft zu erneuern.

Das bisherige Pflichtzölibat hat nichts mit einem Gebot Christi zu tun. Das wissen auch alle Bischöfe. Es gab einst sogar in der in der katholischen Kirche verheiratete Priester und in den mit Rom unierten Ostkirchen ist die Priesterehe normal. Wie konnte also ein Papst ohne Gewissenbisse jene anglikanischen Geistlichen ermuntern, mit Frau und Amt in die katholische Kirche überzutreten, wenn sie persönlich wie der Papst die Frauenordination ablehnten. Gleichzeitig suspendiert jeder Bischof noch immer jeden heiratswilligen Priester sofort, auch gegen den ausdrücklichen Wunsch der Pfarrei. Dieses Verhalten ist ein weiterer Skandal der unehrlichen Doppelmoral.

In den fünfzig Jahren seit dem Konzil hat kein einziger Bischof es gewagt einen verheirateten Mann zu weihen, obwohl das damals vorgesehen war. Man redet nur ständig von der Möglichkeit einer Aufhebung, tut nichts und lässt die Pfarreien gleichzeitig geistlich verhungern. Die Amtskirche wird den Fluch ihrer alten unredlichen Denkweise nicht los. Damit verliert sie jede Glaubwürdigkeit.

Würde die Kirche ihre Fehler, ihre Schuld, bzw. ihre Sünden zugeben, wäre ihre Glaubwürdigkeit viel grösser. Mit einem offenen Bekenntnis zu den eigenen Fehlern stünde die Kirche wieder in der wahren Nachfolge Christi. Christus hat Petrus, als er seine Schuld bekannte, die dreifache Verleugnung vergeben und ihn sogar zu ersten Apostel erhöht. Wie selbstgerecht ist nach den vielen sexuellen Missbräuchen von Priestern das angebliche Nichtwissen eines Kardinals. Er pilgert demütig nach Rom und will zugleich den urchristlichen synodalen Weg zur Lösung der anstehenden Probleme verhindern.

Diese Verhaltensweise der Institution widerspricht vollkommen der Nachfolge Christi. Christus hat mit der Prostituierten am Jakobsbrunnen geredet, sich von der öffentlichen Sünderin Maria die Füsse salben lassen, die frisch ertappte Ehebrecherin vor der Steinigung bewahrt und sogar die Schwiegermutter des Apostels Petrus geheilt. Zur Ehelosigkeit sagte er ausdrücklich: *„Wer es fassen kann, soll es fassen!“* Er hat also keinen Pflichtzölibat für die Abendmahlsfeier vorgeschrieben. Sind die Bischöfe nur noch unsensible Velofahrer, die den Kopf immer senken und ständig nach unten treten. Die institutionelle Gefolgschaft ist ihnen offensichtlich wichtiger als die persönliche Nachfolge Christi.

Dieser Kampf um das Zölibat hat den Blick der Bischöfe verengt und die Herzen verhärtet. Die Aussichtslosigkeit hat in der Kirche zugenommen und das wahre mitmenschliche Wohlwollen verdrängt. Im Gefängnis der Unabänderlichkeit darf niemand mehr einen Fehler machen. Diese Mentalität verunmöglicht jede Reform in der Kirche, und deshalb wurden seit dem Konzil alle kritischen Diskussionen verdrängt oder mit einem offiziellen Verbot gestoppt. In der Leitung der Kirche ersetzte eine rigide Politik der Macht das Gebot der Nächstenliebe. Die notwendige Zusammenarbeit zwischen GOTT und Mensch im Reich GOTTES, wurde in der Kirche auf eine strukturelle Gemeinschaft zwischen Klerus und Laien reduziert. Der Stellvertreter Petri wurde nach 1870 omnipotent und zum Statthalter Gottes auf Erden definiert. Damit wurden alle kirchlichen Probleme zu Fragen der Macht und nicht mehr der Nächstenliebe. Das muss sich ändern.

Zusammenfassung

Christliches Leben in einer religionslosen Gesellschaft

Das Evangelium hat den Menschen über Jahrhunderte hinweg Kraft und Zuversicht für die Gestaltung ihres Lebens geschenkt. Im Glauben an das „Wunder Christi“ konnte der Christi die Übermacht der Angst vor der dunklen Zukunft besiegen und die Schrecken vor der menschlichen Bosheit überwinden. Christus ist auferstanden, er lebt und er wird mit seinem Heiligen Geist auch mir beistehen. Mit dem Blick auf den liebenden GOTT, der das „Alles-Umfassende-Wohlwollende-Sein“ ist, kann ich als Christ das eigene Leben in der sicheren Gewissheit meistern, dass alles gut werden wird.

Mit der Kraft des Heiligen Geistes ist mein Leben sinnvoll und wird in der Liebe GOTTES gut vollendet werden.

Die Liebe zu Christus erfordert ein Bleiben und ein Mitleiden in der Kirche

Das von Christus verheissene Reich der Liebe GOTTES ist das Fundament der Kirche. Das Wesen der Kirche muss dem Grundgedanken des Reiches GOTTES entsprechen, nämlich die wohlwollende Zusammenarbeit zwischen GOTT und den Menschen verwirklichen. Wenn Christus GOTT als die Liebe verstanden hat, so muss die Zusammenarbeit mit der göttlichen Liebe zwischen den Gläubigen und der Kirchenleitung auch im Alltag sichtbar werden. Das bedeutet, dass der Gläubige das menschliche Fehlverhalten in der Kirche nicht übersieht, es verabscheut und ehrlich anklagt ohne die wohlwollende Mitarbeit am Reich GOTTES in der Kirche aufzugeben. Das heisst konkret, dass der Christ mit der Kirche leidet, und dass er mit dem Heiligen Geist nach Lösungen sucht. Dabei ist er sich bewusst, dass er die Kirche nicht retten muss, denn die Rettung der Kirche ist immer das Werk des Heiligen Geistes.

Natürlich wurde im theologischen Denken die Führung der Kirche durch den Heiligen Geist nie bestritten, aber für die alltäglichen Probleme wurde die kirchliche Leitung allmächtig. Der Papst besass jetzt rechtlich den Heiligen Geist. Mit dieser Vorgabe wurde der Schwerpunkt des Glaubens von der GOTTES- und Nächstenliebe auf die rechtliche Befehlsgewalt der Amtskirche verschoben. Der Heilige Geistes wird in diesem Denkmodell diskret auf eine Theorie reduziert, die Liebe GOTTES beredet man, und der existenzielle Bezug des Gläubigen zu Christus wird übersehen. Die kirchliche Gemeinschaft lebt aber nur von der gegenseitigen Liebe, dem hoffnungsvollen Vertrauen, dem Wohlwollen und von der göttlichen Kraft des Heiligen Geistes.

Der Christ darf nie vergessen, dass vor der Auferstehung Christi sein Leiden durchstehen musste. Lieben bedeutet nicht nur eitle Freude, denn die echte Liebe kann durchaus auch schmerzhaft sein. Ohne die Kraft des Heiligen Geistes kann niemand in Wahrheit lieben und mitleiden. In diesem Punkt ist die Botschaft Christi sehr klar. Nur wer die Liebe GOTTES bewusst annimmt, kann das Leid auf dieser Welt ertragen: Wohlwollen ausstrahlen und nicht dem Zwang zu verfallen: *Gleiches mit Gleichem zu vergelten.*

„Petrus sagte zu ihm: Herr, warum kann ich dir jetzt nicht folgen? Mein Leben will für dich hingeben. Jesus entgegnete: Du willst für mich dein Leben hingeben? Amen, amen, das sage ich dir: Noch bevor der Hahn kräht, wirst du mich dreimal verleugnen" (Joh 13.37.38).

„Wenn ihr mich liebt, werdet ihr meine Gebote halten. Und ich werde den Vater bitten, und er wird euch einen Beistand geben, der für immer bei euch bleiben soll. Es ist der Geist der Wahrheit, den die Welt nicht empfangen kann, weil sie ihn nicht sieht und nicht kennt" (Joh 14, 15-17*).*

„Dies habe ich euch gesagt, damit meine Freude in euch ist und damit eure Freude vollkommen wird. Das ist mein Gebot: Liebet einander, so wie ich euch geliebt habe. Es gibt keine grössere Liebe, als wenn einer sein Leben für seine Freunde hingibt" (Joh 15,11-13).

Jene Liebe, die Christus fordert ist nicht leicht und schmerzfrei. In seinem Verständnis ist die Liebe immer mit einer Form des Mitgefühls verbunden. Lieben und Mitleiden sind ursprünglich immer passive Erfahrungen und nicht aktive und gewollte Handlungen. Das Leid wird zuerst erfahren, und erst dann kann die Person mit der Kraft des Heiligen Geistes das Leid ertragen und das Erbarmen fühlen und mitleiden.

Die Christen haben diese Aufforderung zum Leiden zu oft missverstanden. Sie haben das Leid zu einem blinden Ideal erhöht und als eine Tugend der Demut zu einem Akt der Selbstabtötung verzerrt. Christus aber hat diese Sicht nicht geteilt. Er hat bei Problemen mit seinen Jüngern weder die störrischen Jünger ausgestossen noch hat er die Gemeinschaft verlassen. Das bedeutet, dass der Christ die Probleme mit der Kirche ertragen kann, mitfühlen muss und geduldig nach konkreten Lösungen suchen soll. In der Beziehung zwischen Christus und Petrus wird sichtbar, wie der Jünger gegenüber der Gemeinschaft sich verhalten soll. Petrus war vorlaut, ungeduldig, rechthaberisch, besserwisserisch und er hat sogar seinen Meister verraten, aber er war nach dem ihn der Blick Christi traf, bereit, seine grosse Schuld einzugestehen und um Vergebung zu bitten. Dieses demütige Verhalten wie Petrus. soll jeder Christ in seinem Verhältnis zur Kirche einnehmen, lehrt uns Christus.

Die wunderbare Petruslegende verdeutlicht diese Interpretation. Als in Rom die Christenverfolgung ausbrach, flüchtet Petrus und verliess seine Gemeinde. Auf der Via Appia begegnete er unverhofft Christus und fragte ihn: „Wohin gehst du

Herr?“ Da antwortete Christus: „Ich gehe nach Rom zu deiner Gemeinde“. Da kehrte auch Petrus um, und hat später das Martyrium angenommen. Die Flucht aus der Gemeinschaft ist daher keine Lösungen für Christen.

Das Bewusstsein des Gläubigen richtet sich stets nach dem Heiligen Geist aus, damit er erfahren kann, wie er richtig handeln muss. Wenn also der Christ liebt, so ist er sich bereits bewusst, dass er tatsächlich vom Geist GOTTES gelenkt und getragen wird. Lieben heisst für ihn im Geist der wohlwollenden Wahrheit denken und handeln. Somit bleibt er immer in der kirchlichen Gemeinschaft. Er muss seine Haltung der Liebe gegenüber sich und der Gemeinschaft bewahren.

Die Liebe ist mit einem Gang auf dem Hochseil zu vergleichen. Ein Absturz ist immer möglich, weil es in der Liebe kein sicheres Wissen gibt. Lieben kann Glück bedeuten aber auch einen Verzicht verlangen. Die Liebe darf an Bosheiten sich nicht beteiligen und sie muss von allem schädlichen Verhalten sich trennen. Man kann daher in Wahrheit keinen Tyrannen lieben, ohne dass man die Liebe mit Macht verwechselt, und mit dem Tyrannen den Mitmenschen lieblos Schaden zufügt. Man darf sich im Krieg wehren, man muss ihn ertragen, aber man darf ihn nie lieben. „Vaterlandsliebe“ darf nie in Hass auf die Feinde umschlagen. Die Liebe kann durchaus Widerstand gegen das Böse erfordern.

Nur mit der bewussten Erfahrung der unendliche Liebe GOTTES im Herzen kann man den eigenen spontanen Drang zur boshaften Vergeltung überwinden. Fehlt die Kraft der Liebe beherrscht das Misstrauen alles Denken und Fühlen des Menschen. In einer Welt voller Misstrauen werden die Angst und der Hass allgegenwärtig. Niemand kann die Lügen, die Bosheiten, die Kriege und den Hass auf dieser Welt übersehen, und auch wenn alle Menschen immer wieder behaupten gut sein zu wollen, so tun sie immer wieder das Gegenteil. Diese Tatsache geduldig zu ertragen belastet auch die Christen.

Der Glaube, die Hoffnung und die Liebe sind die wahren Lebensgrundlagen. Wer an den GOTT der Liebe glaubt, der ist in der Wirklichkeit des Daseins angekommen, und die individuelle Person wird fähig, die vielen Widrigkeiten im Leben zu meistern und sogar zuversichtlich der kommenden Auferstehung in GOTT entgegen zu gehen. Diese religiöse Erkenntnis wird im Vertrauen auf Christus zu einer wunderbaren Gewissheit.

Der existenzielle Glaube an Christus ist für das Überleben der Menschheit sinnvoll. Das Leben in der Nachfolge Christi eröffnet allen Menschen auf dieser Welt einen guten Weg um in die ewige Gegenwart GOTTES zu gelangen.

„Seid gewiss: Ich bin bei euch alle Tage bis zum Ende der Welt“ (Mt 28.20).

Alles wird in GOTT gut vollendet werden

Die wesentlichen Grundsätze für ein gutes christliches Leben

Die von Christus berufene individuelle Person steht im Zentrum des christlichen Glaubens und nicht das Kollektive der Kirche. Das macht das Leben in der christlichen Gemeinschaft so einzigartig. Die Kirche ist eine freie gewollte und gesuchte spirituelle Einigkeit von Personen, die einander in wohlwollender Fürsorge helfen das Reich GOTTES gemäss der Botschaft Christi in der Welt sichtbar zu machen. Die unterschiedlichen Deutungen der Lebenswirklichkeit müssen von allen Christen gemeinsam besprochen werden, dann muss es in den Herzen still werden und alle Gläubigen müssen versuchen die Stimme des Heiligen Geistes zu hören, und um den göttlichen Segen bitten, damit sie sich aufeinander zu bewegen können.

Ich erkenne mich und die Welt mit meinem Verstand wahrscheinlich richtig.

Mit Gewissen und Willen, Fühlen und Denken nehme ich mich als Person wahr.

Mit einem gläubigen Vertrauen auf die Liebe GOTTES deute ich die Wirklichkeit.

Mein Leben ist ein Geschenk der Liebe GOTTES.

Ich fühle mich von Christus und seiner Botschaft zu seiner Nachfolge berufen.

Wohlwollen und Liebe sollen mein Denken und Handeln bestimmen.

Ich kann diese Lebensweise nur mit der Kraft des Heiligen Geistes realisieren.

Der Heilige Geist ist allen Christen verheissen.

Ich arbeite in der kirchlichen Gemeinschaft aktiv für das Reich GOTTES.

Ich kann die Kirche wie Christus kritisieren, aber ich kann mich nicht von ihr trennen.

Der Christ folgt Christus auf dem Weg der Liebe zu GOTT und den Menschen.

„Alle sollen eins sein: Wie du, Vater, in mir bist und ich in dir bin, sollen auch sie in uns sein, damit die Welt glaubt, dass du mich gesandt hast. Ich habe ihnen deinen Namen bekannt gemacht und werde ihn bekannt machen, damit die Liebe, mit der du mich geliebt hast, in ihnen ist und damit ich in ihnen bin“ (Joh 17.21.26).

Das Reich GOTTES und die Kirche der Menschen

Inhalt

Printed by Books on Demand GmbH, Norderstedt / Germany